LE DESSIN DES ÉCOLES

OU

LES ÉLÉMENTS DU DESSIN LINÉAIRE ET DU DESSIN D'IMITATION

MIS A LA PORTÉE DES COMMENÇANTS

Par A. LE BÉALLE

Ex-maître des travaux graphiques au collège Rollin.

PARIS.

IMPRIMERIE ET LIBRAIRIE CLASSIQUES

DE JULES DELALAIN

IMPRIMEUR DE L'UNIVERSITÉ

RUE DES ÉCOLES, VIS-A-VIS DE LA SORBONNE.

V

DESSIN

DES ÉCOLES.

Ouvrages du même auteur :

Premiers Principes de Dessin linéaire, théorie et modèles d'application, à l'usage des écoles primaires, des pensionnats, des colléges et des lycées, par *M. A. Le Béalle :* dixième édition; 1 vol. grand in-8°, divisé en deux parties, contenant 48 planches de modèles, *br.* 3 f.

Chaque Partie se vend séparément, *br.* 1 f. 50 c.

Cours théorique et pratique de Dessin linéaire, théorie et modèles d'application, à l'usage des écoles primaires supérieures, des colléges et des lycées, par *M. A. Le Béalle;* ouvrage autorisé pour les écoles publiques : nouvelle édition ; deux cours in-4°, subdivisés chacun en cinq parties.

Cours élémentaire, comprenant l'étude des tracés géométriques, des lignes droites, des lignes courbes, des surfaces, des solides, etc. ; cinq parties in-4°, contenant 78 planches de modèles.

Chaque Partie se vend séparément, *br.* 2 f.

Cours supérieur, comprenant la topographie, le lever des plans, le métré, le nivellement, l'architecture, la perspective, l'ornement, la figure, la mécanique, les machines, les cartes géographiques, etc. ; cinq parties in-4°, contenant 72 planches de modèles.

Chaque Partie se vend séparément, *br.* 2 f.

Grandes Études de Dessin linéaire, de Lavis et d'Aquarelle, appliquées à la mécanique, à l'architecture, à l'ornement et à la perspective, à l'usage des lycées, des colléges, des pensionnats et des écoles professionnelles, par *M. A. Le Béalle;* douze Études format demi grand-aigle, cadre de 0,62 sur 0,44 centimètres, composées chacune de deux planches gravées : l'une sur cuivre avec légendes, cotes et lignes de construction; l'autre sur acier, ombrée à l'aquatinte et lavée à l'aquarelle; la collection de vingt-quatre planches, 35 f.

Chaque Étude, composée de deux planches, se vend séparément, 3 f.

LE DESSIN DES ÉCOLES

OU

LES ÉLÉMENTS DU DESSIN LINÉAIRE ET DU DESSIN D'IMITATION

MIS A LA PORTÉE DES COMMENÇANTS

Par A. LE BÉALLE

Ex-maître des travaux graphiques au collége Rollin.

PARIS.

IMPRIMERIE ET LIBRAIRIE CLASSIQUES

DE JULES DELALAIN

IMPRIMEUR DE L'UNIVERSITÉ

RUE DES ÉCOLES, VIS-A-VIS DE LA SORBONNE.

1862.

Le **Dessin** est, de tous les arts d'agrément, celui dont l'enseignement et la pratique conviennent le mieux à l'école primaire. C'est à bon droit que les parents sourient de satisfaction aux premiers essais heureux de leurs enfants, et les encouragent, sans avoir pour cela la pensée d'en faire des artistes.

Dans quelle profession, dans quelle position sociale la connaissance du **Dessin linéaire** n'est-elle pas avantageuse? Il donne à l'œil la justesse d'appréciation des dimensions; à la main, la précision pour l'exécution des tracés. Il enseigne à représenter tous les objets avec de simples lignes, à traduire sur le papier les projets de construction dont il prépare ainsi l'exécution régulière. Il forme le goût en faisant discerner les contours élégants; il accoutume à la symétrie et à l'ordre. — Son premier enseignement offre d'ailleurs peu de difficultés, lorsqu'il est présenté simplement, et c'est vers ce but qu'ont tendu nos efforts en composant ce petit traité. Nous l'avons fait précéder de quelques notions géométriques indispensables, et de dessins géométriques à reproduire comme exercices préparatoires.

Quant au **Dessin d'imitation,** son utilité n'est pas plus contestable que celle du dessin linéaire; il est d'ailleurs une source de distractions profitables. — Nous n'avons pas la prétention de l'enseigner dans ce modeste ouvrage, mais bien d'en stimuler le goût et d'en préparer l'étude en donnant quelques préceptes élémentaires.

Nota. Pour faciliter la reproduction des modèles, et surtout pour diriger dans la disposition des figures entre elles, nous avons fait préparer pour les élèves du *papier quadrillé* comme le sont les planches.

DESSIN GÉOMÉTRIQUE.

DÉFINITIONS PRÉLIMINAIRES.

1. On entend par **dimension** le rapport d'une étendue comparée à une autre étendue prise pour *unité*.

2. Tout objet a trois dimensions : *longueur, largeur, épaisseur,* mais il peut n'être tenu compte que d'une ou de deux ou des trois dimensions; on peut même supposer qu'il n'en a pas du tout.

3. Une **ligne** n'est généralement considérée que par rapport à une dimension, la *longueur.* — Telle est la marque du passage d'un crayon, d'une plume, d'un tire-ligne, d'un bâton de craie, d'un instrument pointu, etc., sur une feuille de papier, un tableau noir, un mur, etc. — Le *mètre linéaire* est l'unité de mesure des lignes.

4. Une **surface** n'est appréciée que sous deux dimensions : *longueur* et *largeur.* — On ne s'occupe pas de l'épaisseur de la terre pour apprécier la surface d'un champ. — Le *mètre carré* et l'*are* sont les unités de superficie.

5. Un **solide** est considéré sous ses trois dimensions. Il faut bien, par exemple, tenir compte de la longueur, de la largeur et de l'épaisseur des matériaux à employer dans une construction. — Le *mètre cube* ou *stère* est l'unité de mesure des solides.

6. Un **point** est considéré comme n'ayant pas de dimension; comme, par exemple, l'endroit où deux lignes se coupent.

7. La **géométrie** est une science qui donne théoriquement les moyens d'apprécier les dimensions et d'obtenir la représentation exacte des objets, en conservant, diminuant ou augmentant les dimensions.

8. Les objets représentés géométriquement prennent le nom général de **figures**. Les figures et leurs différentes parties portent chacune un nom géométrique qui sert à

désigner leur nature, leur forme et leurs positions relatives.

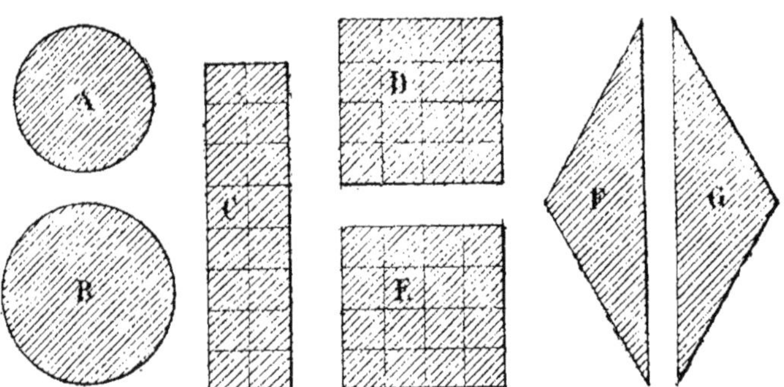

9. Deux figures sont **semblables**, A, B, lorsqu'elles ont la même forme sans avoir les mêmes dimensions.

10. Deux figures sont **équivalentes**, C, D, lorsqu'elles ont le même produit comme dimensions sans avoir la même forme.

11. Deux figures sont **égales**, D, E, lorsqu'elles ont même forme et mêmes dimensions.

12. Deux figures sont **symétriques**, F, G, lorsqu'elles sont égales, mais disposées en sens inverse.

13. Les instruments dont on se sert pour le tracé régulier des figures, tels que la règle, l'équerre, le compas, etc., sont appelés *instruments de mathématiques.*

14. Le **dessin linéaire** est l'art de représenter les objets avec de simples lignes; d'exécuter pratiquement le tracé des figures dont la géométrie enseigne la construction théorique. Il emprunte à cette science sa nomenclature et ses règles.

15. Le dessin linéaire est dit *géométrique* lorsqu'il a recours à l'emploi des règles de construction géométrique et des instruments de mathématiques.

16. Le dessin linéaire est dit *à vue* ou *à main levée,* lorsqu'il s'exécute sans le concours des règles de construction géométrique et des instruments de mathématiques.

LIGNES.

DES LIGNES EN GÉNÉRAL.

17. On donne différents noms aux lignes d'après leur *nature*, leur composition, leur *position* ou leurs *rapports* avec d'autres lignes.

18. D'après sa **nature** une ligne est *droite* ou *courbe :*

A B

Droite, A, lorsqu'elle parcourt la plus courte distance d'un point à un autre;

Courbe, B, lorsqu'elle n'est ni droite ni composée de droites.

19. D'après sa **composition,** une ligne est dite *brisée* ou *raccordée :*

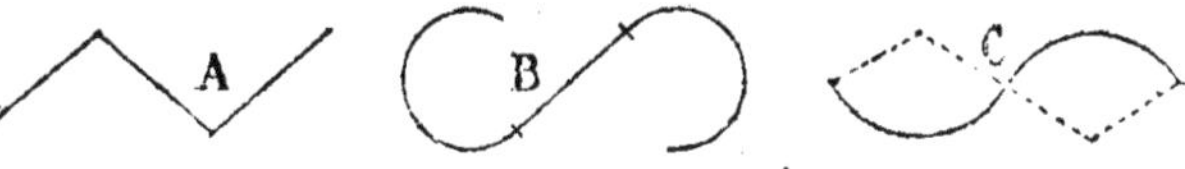

Brisée, A, lorsqu'elle est composée de plusieurs droites;

Raccordée, lorsqu'elle est composée d'une ou plusieurs droites et d'une ou plusieurs courbes, B, ou seulement de plusieurs courbes, C.

Modèles d'application : Figures 1 à 4.

LIGNES DROITES.

20. D'après sa **position** une ligne droite est *horizontale, verticale* ou *oblique :*

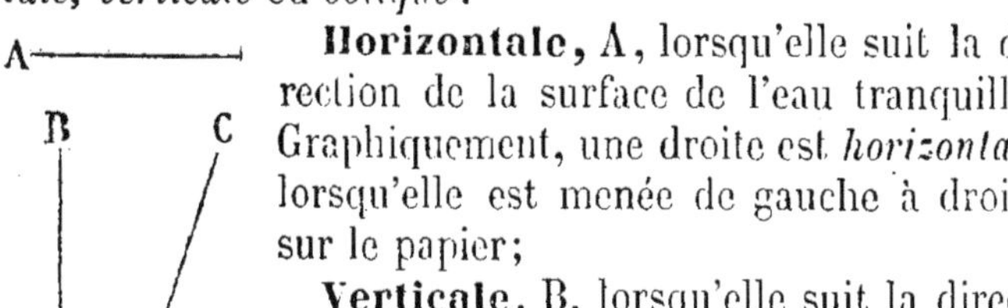

Horizontale, A, lorsqu'elle suit la direction de la surface de l'eau tranquille. Graphiquement, une droite est *horizontale* lorsqu'elle est menée de gauche à droite sur le papier;

Verticale, B, lorsqu'elle suit la direction du fil à plomb. Graphiquement, une droite est *verticale* lorsqu'elle est menée de haut en bas sur le papier;

Oblique, C, lorsqu'elle n'est ni horizontale ni verticale. Graphiquement, une droite est *oblique* lorsqu'elle n'est pas menée directement de gauche à droite ou de haut en bas sur la feuille de papier.

21. D'après leurs **rapports**, deux lignes droites sont *parallèles, perpendiculaires* ou *obliques* entre elles :

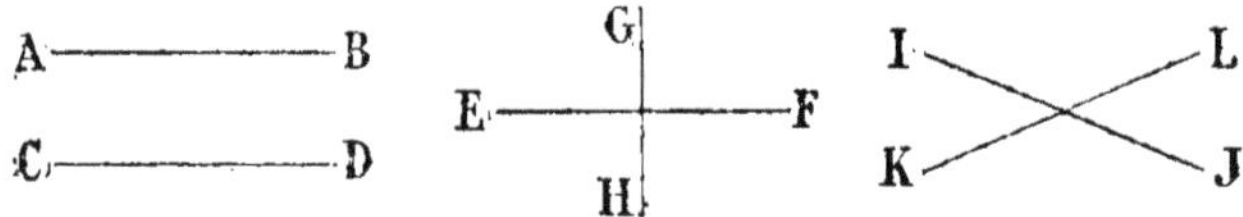

Parallèles, AB, CD, lorsqu'elles sont toujours à égale distance l'une de l'autre;

Perpendiculaires, EF, GH, lorsqu'elles sont entre elles comme la verticale est avec l'horizontale;

Obliques, IJ, KL, lorsqu'elles ne sont ni parallèles ni perpendiculaires entre elles.

22. Il ne faut pas confondre le nom de **verticale** avec celui de **perpendiculaire.** Le premier désigne la position d'une droite par rapport à la terre, tandis que le second désigne la position d'une droite par rapport à une autre droite ou à une surface. Ainsi une verticale est perpendiculaire à une droite ou à une surface horizontale, tandis que deux perpendiculaires entre elles ne sont pas forcément l'une horizontale et l'autre verticale.

Modèles d'application : Figures 5 à 24.

LIGNES COURBES.

23. Les lignes courbes peuvent varier de forme à l'infini. Celles dont on s'occupe principalement en dessin linéaire sont : la *circonférence*, l'*ellipse*, l'*ovale* et la *spirale*.

24. La **circonférence** est une ligne courbe constam-

ment à la même distance d'un point nommé *centre*, qu'elle entoure et dont les deux extrémités se confondent. —Toute partie de circonférence se nomme **arc.**—La circonférence se trace avec un compas. — La surface entourée par la circonférence se nomme **cercle.**

25. Dans ses rapports avec le cercle, la ligne droite prend les noms de *diamètre, rayon, corde, flèche, sécante, tangente.*

26. Un **diamètre** est une droite AB qui passe par le centre O et dont les extrémités sont deux points de la circonférence.

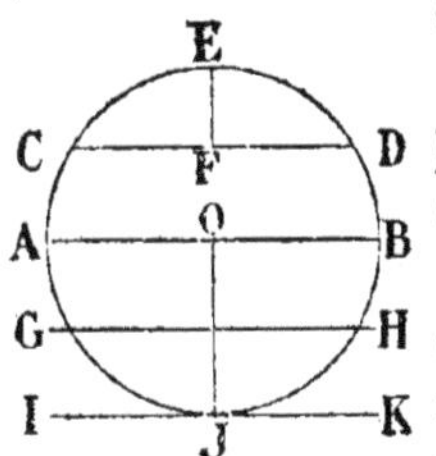

27. Un **rayon** est une droite OJ qui part du centre et se termine à la circonférence; c'est un demi-diamètre.

28. Une **corde** est une droite CD dont les extrémités sont à la circonférence, mais qui diffère du diamètre en ce qu'elle ne passe pas par le centre.

29. Une **flèche** est une droite EF perpendiculaire à une corde et dont les extrémités sont : l'une au milieu de la corde, l'autre au milieu de l'arc *sous-tendu* par cette corde.

30. Une **sécante** est une droite GH qui passe dans une circonférence, et dont les extrémités sont en dehors.

31. Une **tangente** est une droite IK qui ne touche une circonférence qu'en un point J, appelé *point de contact*, à l'extrémité d'un rayon auquel elle est perpendiculaire.

32. Deux circonférences sont dites *concentriques, tangentes* ou *sécantes :*

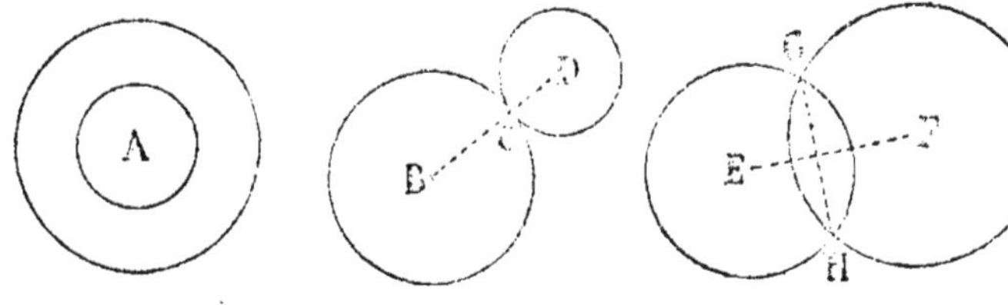

Concentriques, A, lorsqu'elles ont un même centre; leurs rayons diffèrent plus ou moins;

Tangentes, B, D, lorsqu'elles se touchent en un point. — Les deux centres et le point de contact C sont sur une même ligne droite. Leurs rayons peuvent être égaux ou inégaux;

Sécantes, E, F, lorsqu'elles se coupent en deux points G, H, appelés *points d'intersection*. — Elles peuvent différer de rayons. — La droite GH menée par les deux points d'intersection est perpendiculaire à la droite EF menée par les deux centres.

53. Une **ellipse** est une circonférence vue obliquement; elle a deux diamètres appelés **axes :** l'un, AB, qui, parcourant la plus grande longueur, est égal au diamètre du cercle; l'autre, CD, qui parcourt la plus grande largeur. — Les deux axes passent par le centre où ils se coupent réciproquement par moitié; ils sont perpendiculaires l'un à l'autre. — Une ellipse ne peut se tracer au compas.

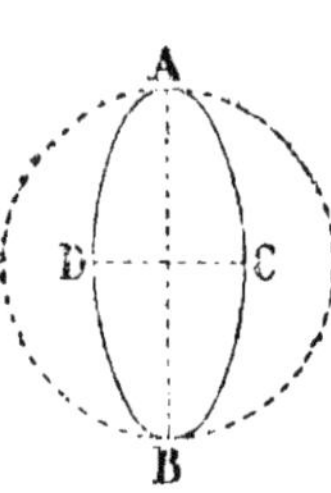

54. Un **ovale** est une ligne courbe continue, composée de quatre arcs raccordés; il y en a de deux sortes : l'ovale *régulier* et l'ovale *irrégulier*.

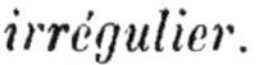

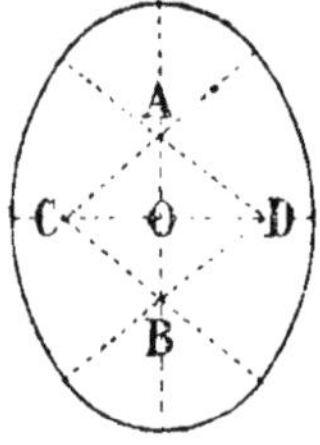

L'ovale régulier est composé d'arcs égaux deux à deux; ces arcs ont pour centres les points A, B, C, D. — L'ovale régulier ressemble un peu à l'ellipse.

L'ovale irrégulier n'a que deux arcs AB, CD égaux, les deux autres sont inégaux. Ces arcs ont pour centre les points A, C, E, F. — L'ovale irrégulier sert à tracer le contour de la figure humaine.

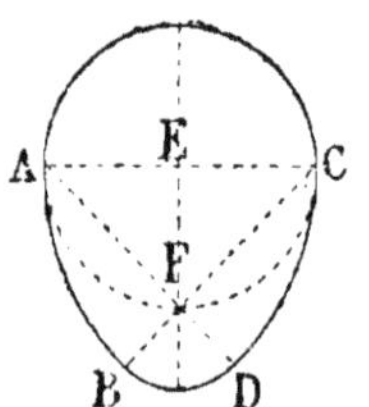

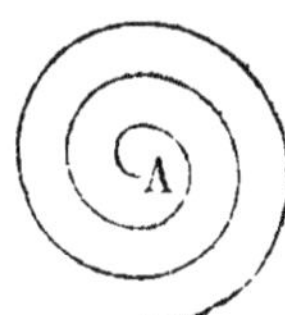

35. La **spirale** est une courbe qui s'éloigne uniformément de son point de départ A. Elle peut être composée d'arcs raccordés, ayant deux, trois ou quatre centres différents.

36. Pour le **raccordement des arcs,** il faut toujours que les deux centres et le point de raccord soient sur une même ligne droite.

Modèles d'application : Figures 25 à 35.

ANGLES.

37. **Un angle** est le résultat de la rencontre de deux lignes. Le point de rencontre prend le nom de *sommet,* et les deux lignes sont appelées *côtés* de l'angle. — Un angle se désigne : soit par une lettre placée à son sommet, lorsque les deux lignes s'y terminent ; soit par trois lettres, dont celle du sommet est énoncée entre les deux autres placées aux extrémités des côtés.

38. Si les deux lignes se terminent au sommet, comme

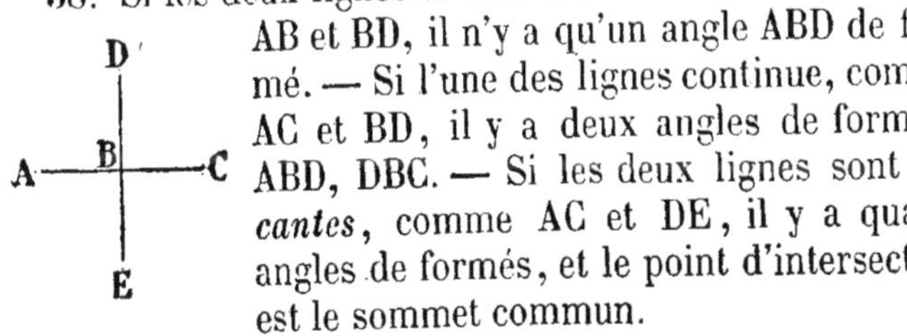

AB et BD, il n'y a qu'un angle ABD de formé. — Si l'une des lignes continue, comme AC et BD, il y a deux angles de formés, ABD, DBC. — Si les deux lignes sont *sécantes*, comme AC et DE, il y a quatre angles de formés, et le point d'intersection est le sommet commun.

39. Par rapport à la **nature de ses côtés,** un angle est ***rectiligne, curviligne*** ou ***mixtiligne :***

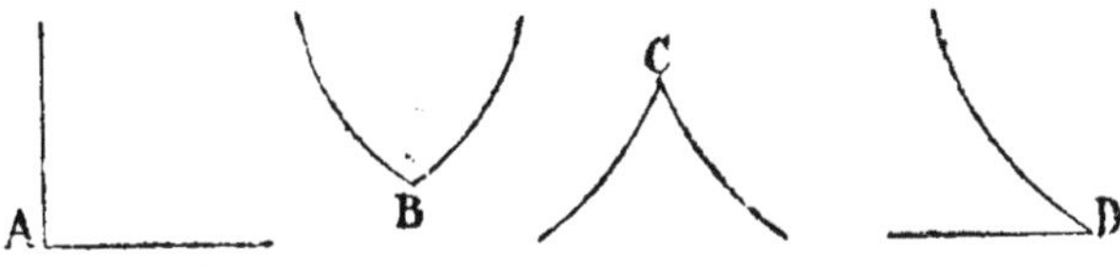

Rectiligne, A, lorsque les deux côtés sont des lignes droites ;

Curviligne, B ou C, lorsque les deux côtés sont des lignes courbes ;

Mixtiligne, D, lorsqu'un des côtés est une ligne droite et l'autre une ligne courbe.

40. D'après sa **dimension**, un angle est *droit, aigu* ou *obtus :*

Droit, DBC, lorsque les deux côtés sont *perpendiculaires* l'un à l'autre;

Aigu, EBC, lorsqu'il est plus *petit* qu'un angle droit ;

Obtus, ABC, lorsqu'il est plus *grand* qu'un angle droit.

41. La dimension d'un angle ne dépend pas de la longueur des côtés, mais de leur plus ou moins d'écartement. — Supposons un compas fermé : en l'ouvrant peu à peu, l'angle, petit d'abord, grandit au fur et à mesure, jusqu'à ce que les deux branches soient en ligne droite.

Modèles d'application : Figures 15 à 23.

SURFACES.

DES SURFACES EN GÉNÉRAL.

42. On nomme **périmètre** la ligne ou l'ensemble des lignes qui entourent et limitent une surface.

43. D'après son périmètre, une surface est : *rectiligne, curviligne* ou *mixtiligne :*

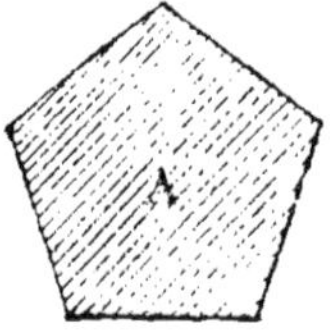

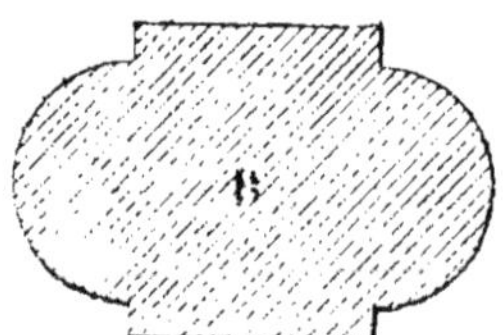

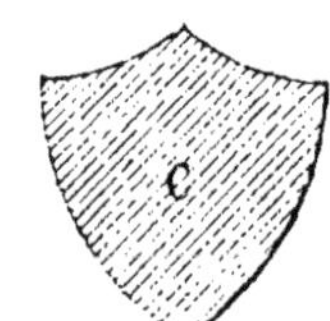

Rectiligne, lorsqu'elle est entourée de lignes *droites* A;

Curviligne, lorsqu'elle est entourée de lignes *courbes* C;

Mixtiligne, lorsqu'elle est entourée de lignes *droites* et de lignes *courbes* B.

44. D'après sa forme superficielle, une surface est :

Plane, si l'on peut appliquer dessus et en tous sens une règle bien droite;

Convexe, si elle est bombée;

Concave, si elle est creuse.

45. Un **polygone** est une surface plane dont le périmètre est composé d'un certain nombre de lignes formant un même nombre d'angles; les plus importants à connaître sont les *triangles* et les *quadrilatères.*

Modèles d'application : Figures 15 à 23 et 25 à 34.

TRIANGLES.

46. Un **triangle** est un polygone à trois côtés, qui forment trois angles dont la somme équivaut à deux angles droits.

47. D'après le **rapport de ses côtés,** un triangle est dit : *équilatéral, isocèle, scalène :*

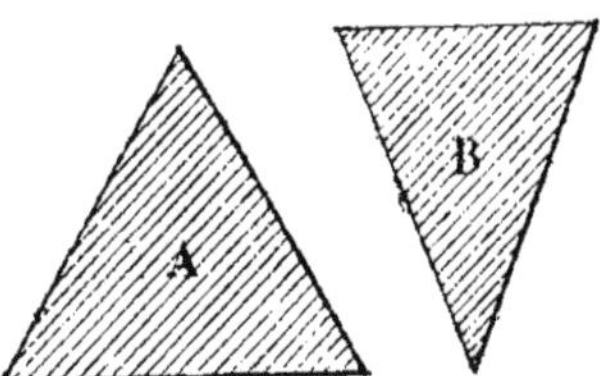

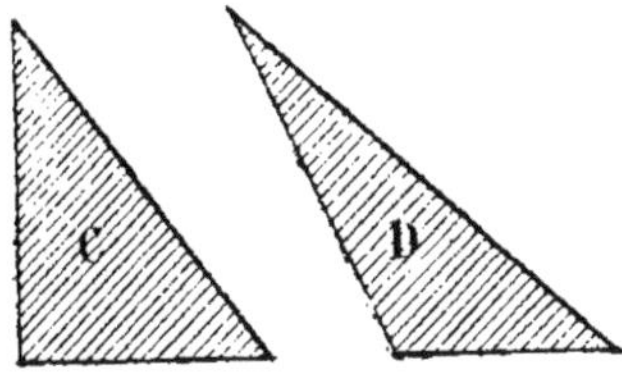

Équilatéral, A, lorsque ses trois côtés sont égaux;

Isocèle, B, lorsque deux seulement des côtés sont égaux;

Scalène, C et D, lorsque les trois côtés sont inégaux.

48. D'après la dimension de ses angles, un triangle est dit :

Équiangle, A, lorsque les trois angles sont *égaux ;*

Acutangle, A ou B, lorsque les trois angles sont *aigus.* — Le triangle équiangle, qui est en même temps *équilatéral*, est *acutangle :* c'est le triangle *régulier ;*

Rectangle, C, lorsqu'il a un angle *droit ;* les deux autres sont aigus ;

Obtusangle, D, lorsqu'il a un angle *obtus ;* les deux autres sont aigus.

Modèles d'application : Figures 15 à 24.

QUADRILATÈRES.

49. Un **quadrilatère** est un polygone à quatre côtés et à quatre angles. Certains noms désignent les rapports des angles et des côtés ; il est :

Parallélogramme, lorsque les angles sont égaux deux à deux, et les côtés parallèles deux à deux ;

Équilatéral, lorsque les quatre côtés sont égaux ;

Équiangle, lorsque les quatre angles sont égaux ;

Irrégulier, lorsque les angles et les côtés sont inégaux.

50. Les principaux quadrilatères sont : le *carré*, le *rectangle*, le *parallélogramme*, le *losange*, le *trapèze*.

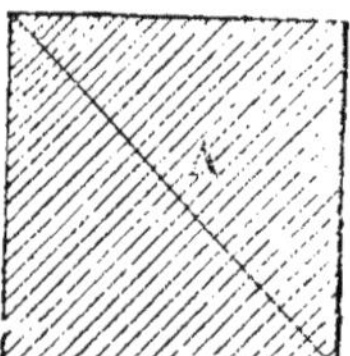

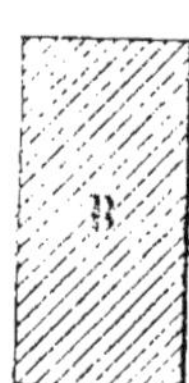

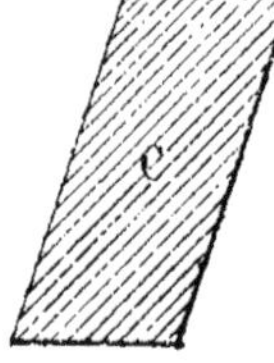

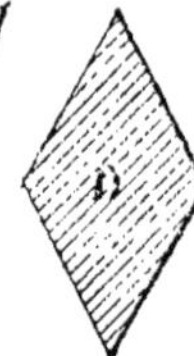

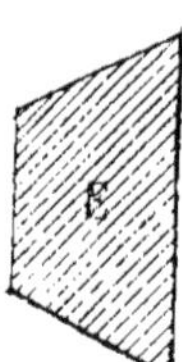

Le **carré,** A, est un parallélogramme, équilatéral et équiangle ou rectangle ; c'est le quadrilatère régulier ;

Le **rectangle,** B, est parallélogramme et équiangle ;

Le **parallélogramme,** C, n'a pas d'autres propriétés ;

Le **losange**, D, est parallélogramme et équilatéral;

Le **trapèze**, E, a ses angles égaux deux à deux, deux côtés parallèles et inégaux, deux côtés égaux mais non parallèles.

51. Parmi les autres polygones réguliers, on doit citer :

Le **pentagone**, qui a cinq côtés;

L'**hexagone**, qui a six côtés;

L'**octogone**, qui a huit côtés.

Modèles d'application : Figures 19 à 25 et 28 à 33.

SOLIDES.

52. Il y a deux natures de solides : les *polyèdres* et les *corps ronds*.

Un **polyèdre** est un solide dont la surface est composée de polygones.

Un **corps rond** est un solide dont la surface ne contient aucun polygone.

POLYÈDRES.

53. Les trois principaux polyèdres sont : le *cube*, le *prisme*, la *pyramide*.

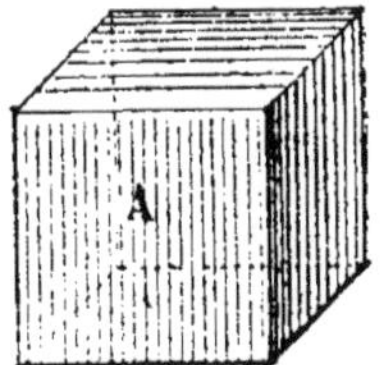

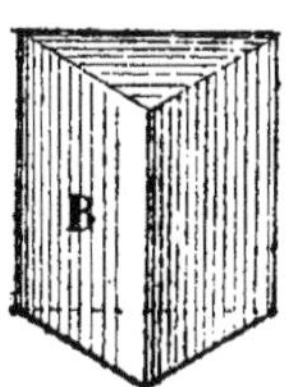

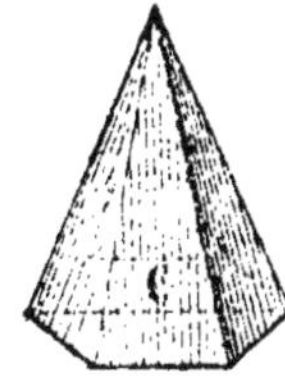

Le **cube**, A, dont la surface est composée de six carrés égaux et parallèles deux à deux; c'est le polyèdre régulier par excellence;

Le **prisme**, B, est un polyèdre qui a pour *bases* deux

polygones réguliers, égaux et parallèles, et dont les *faces latérales* sont des parallélogrammes ;

La **pyramide,** C, est un polyèdre qui a pour *base unique* un polygone régulier, et pour faces latérales des triangles qui ont un sommet commun appelé *sommet de la pyramide.*

Modèles d'application : Figures 36, 38, 40.

CORPS RONDS.

54. Les trois principaux corps ronds sont : la *sphère,* le *cylindre*, le *cône :*

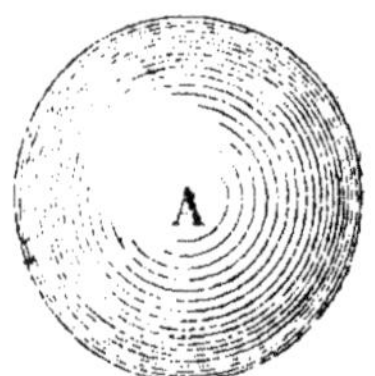

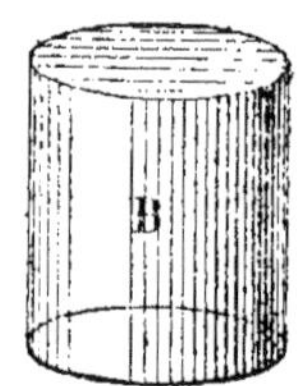

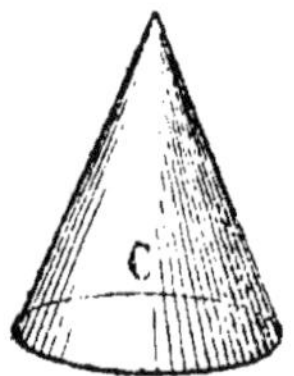

La **sphère,** A, dont tous les points de la surface sont à égale distance du centre : c'est le corps rond régulier par excellence ;

Le **cylindre,** B, qui a deux cercles pour bases, et dont la surface latérale peut être considérée comme composée de circonférences superposées et égales à celles des bases ;

Le **cône,** C, qui a un cercle pour base unique, et dont la surface latérale peut être considérée comme composée de circonférences superposées, de plus en plus petites à partir de la base, et dont la dernière serait un point, *sommet* du cône.

Modèles d'application : Figures 37, 39 et 41.

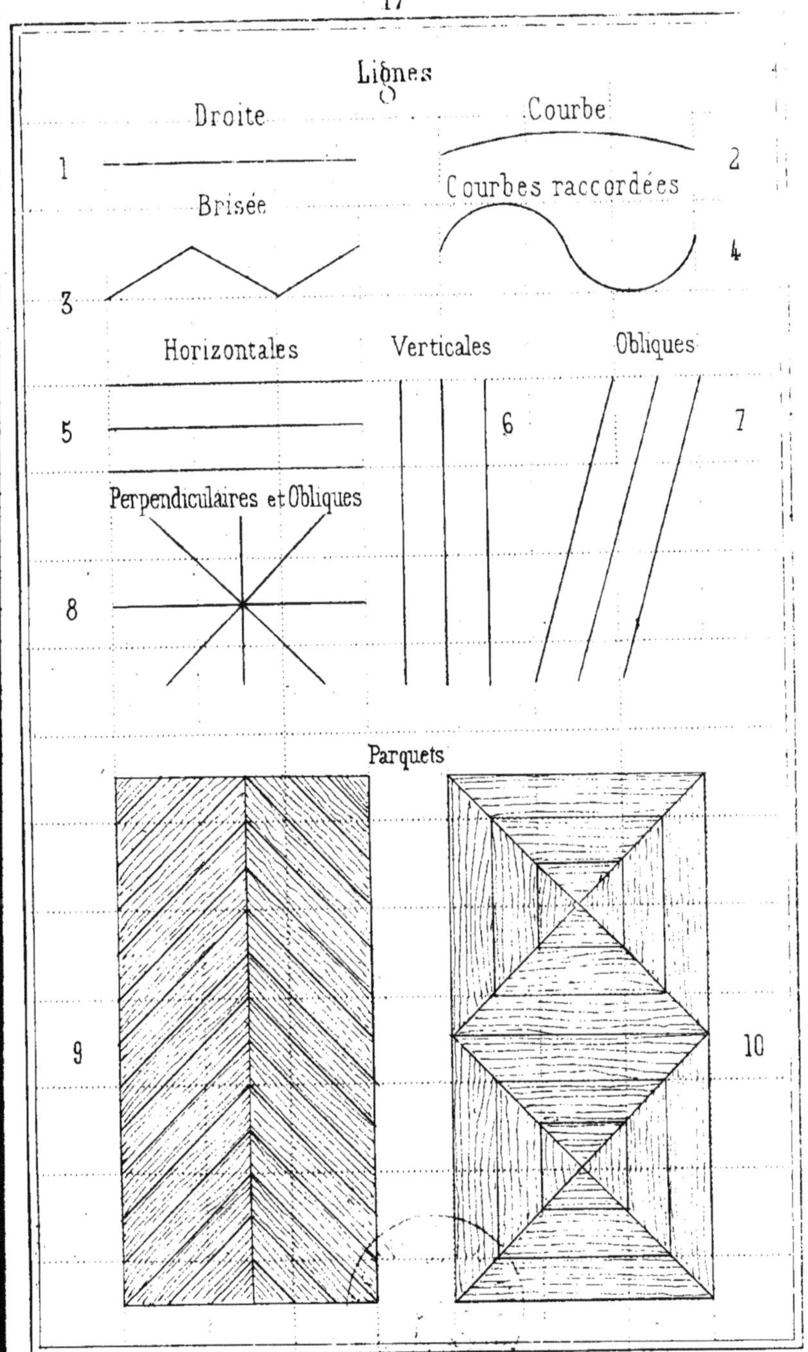
Lignes
Droite
Courbe
1
2
Brisée
Courbes raccordées
3
4
Horizontales
Verticales
Obliques
5
6
7
Perpendiculaires et Obliques
8
Parquets
9
10

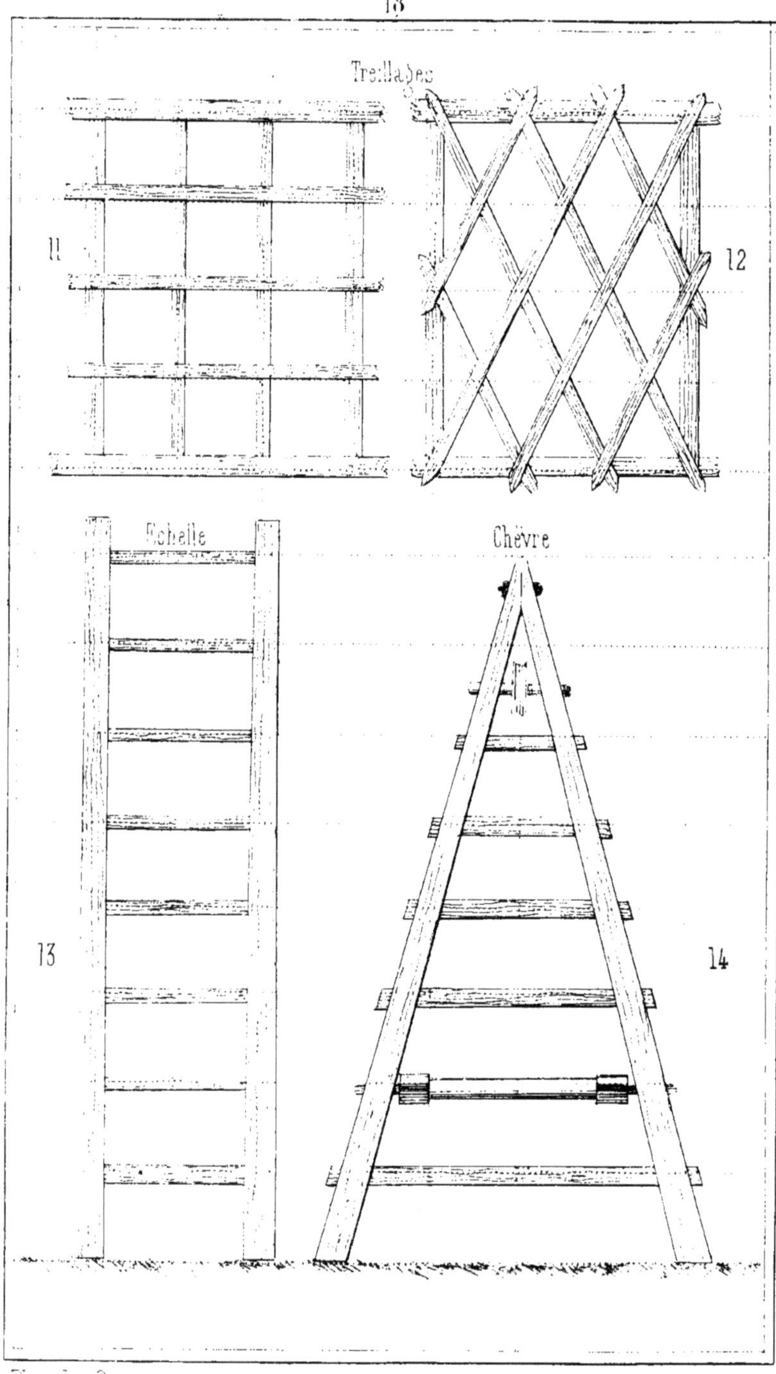
18
Treillages
11
12
Echelle
Chèvre
13
14

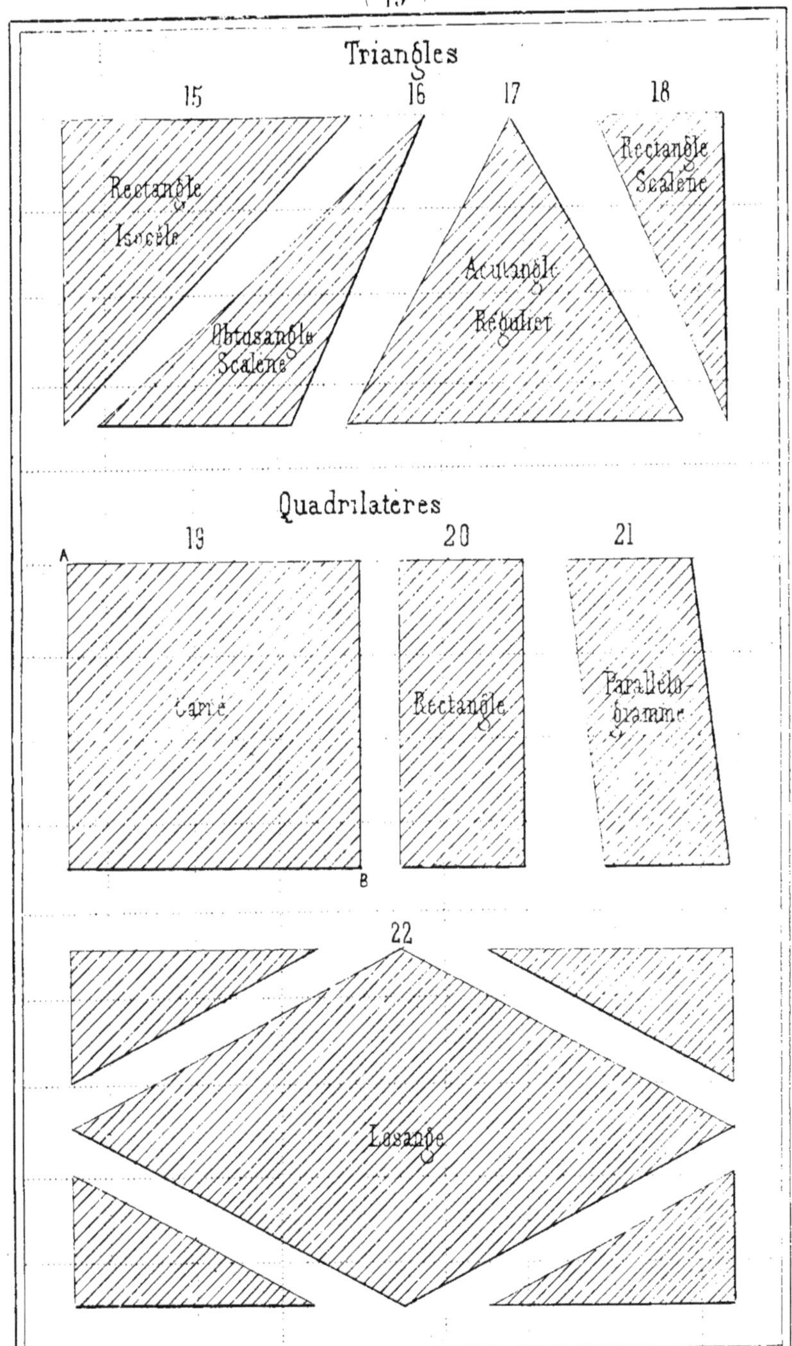
Triangles
15
16
17
18
Rectangle
Isocèle
Obtusangle
Scalène
Acutangle
Régulier
Rectangle
Scalène
Quadrilatères
19
20
21
A
B
Carré
Rectangle
Parallélo-
gramme
22
Losange

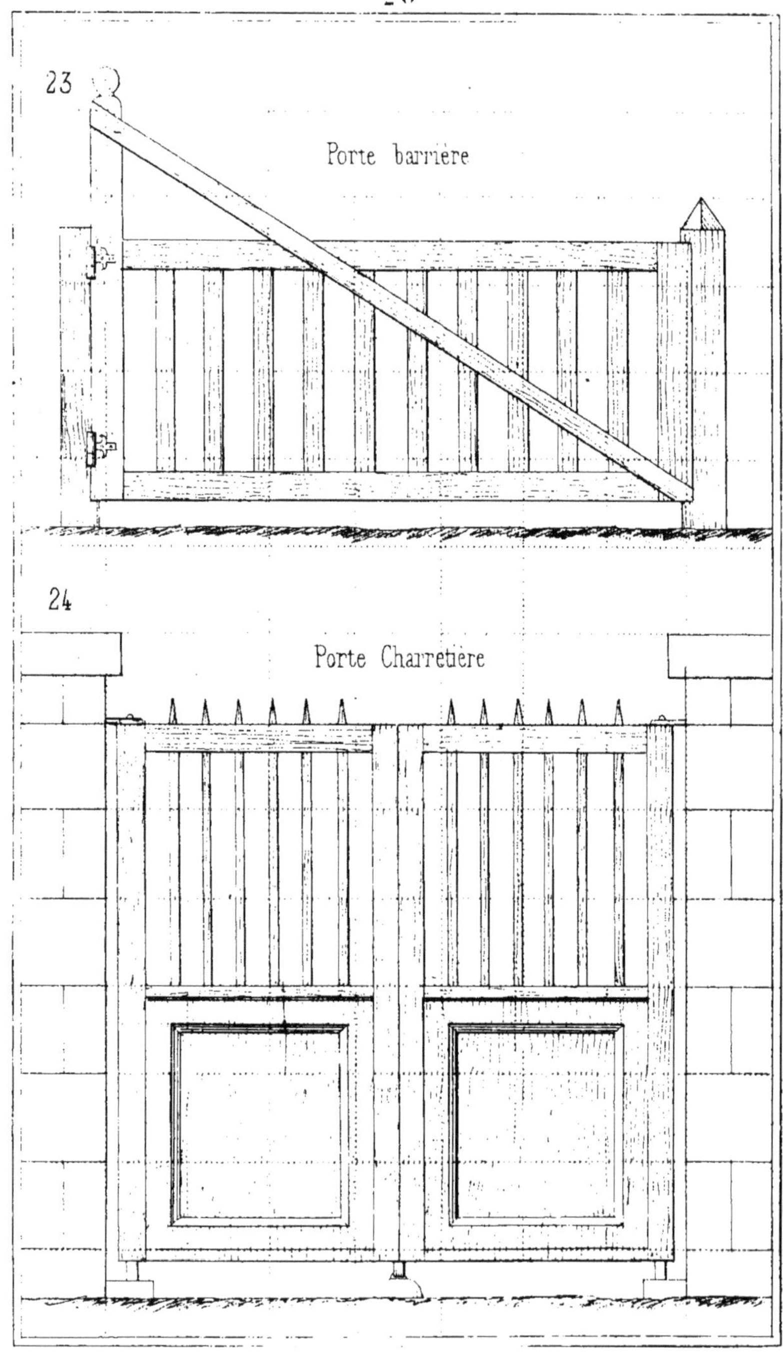
23
Porte barrière
24
Porte Charretière

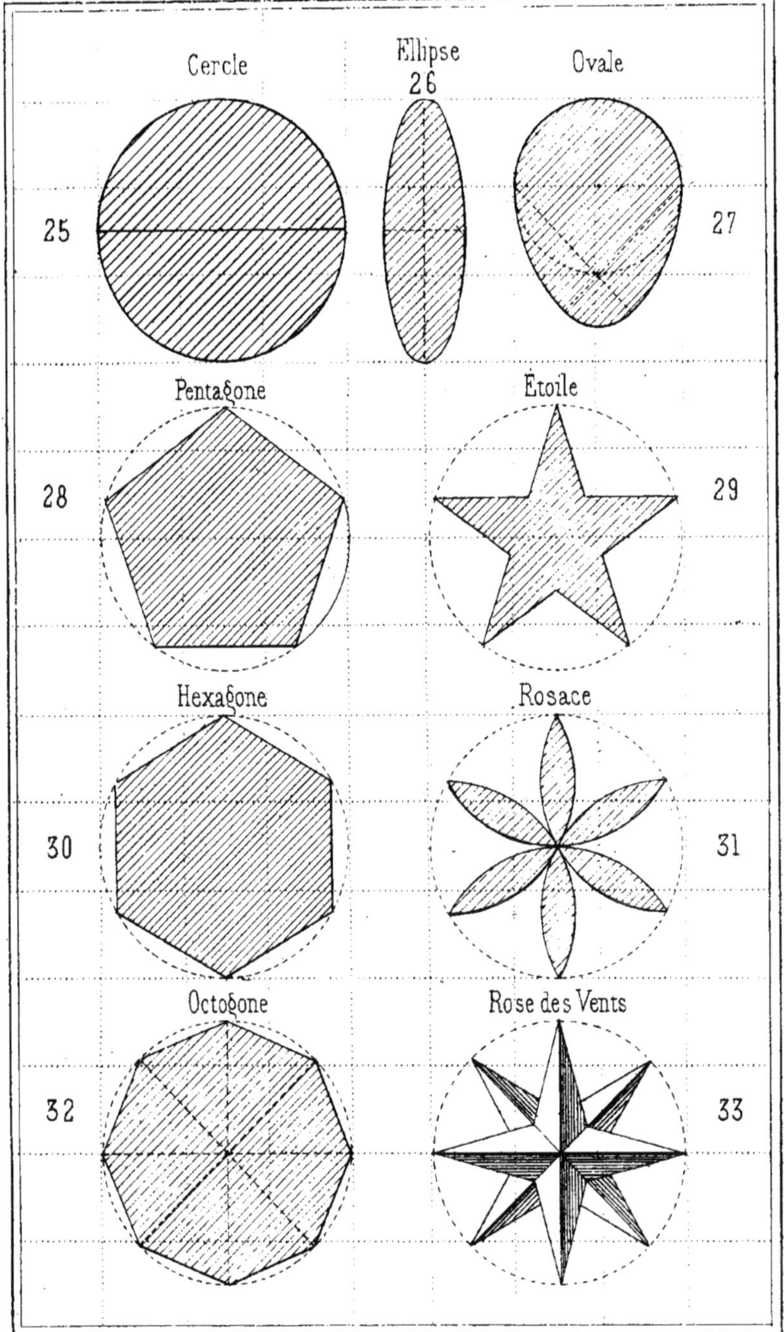
Cercle
Ellipse
26
Ovale
25
27
Pentagone
Étoile
28
29
Hexagone
Rosace
30
31
Octogone
Rose des Vents
32
33

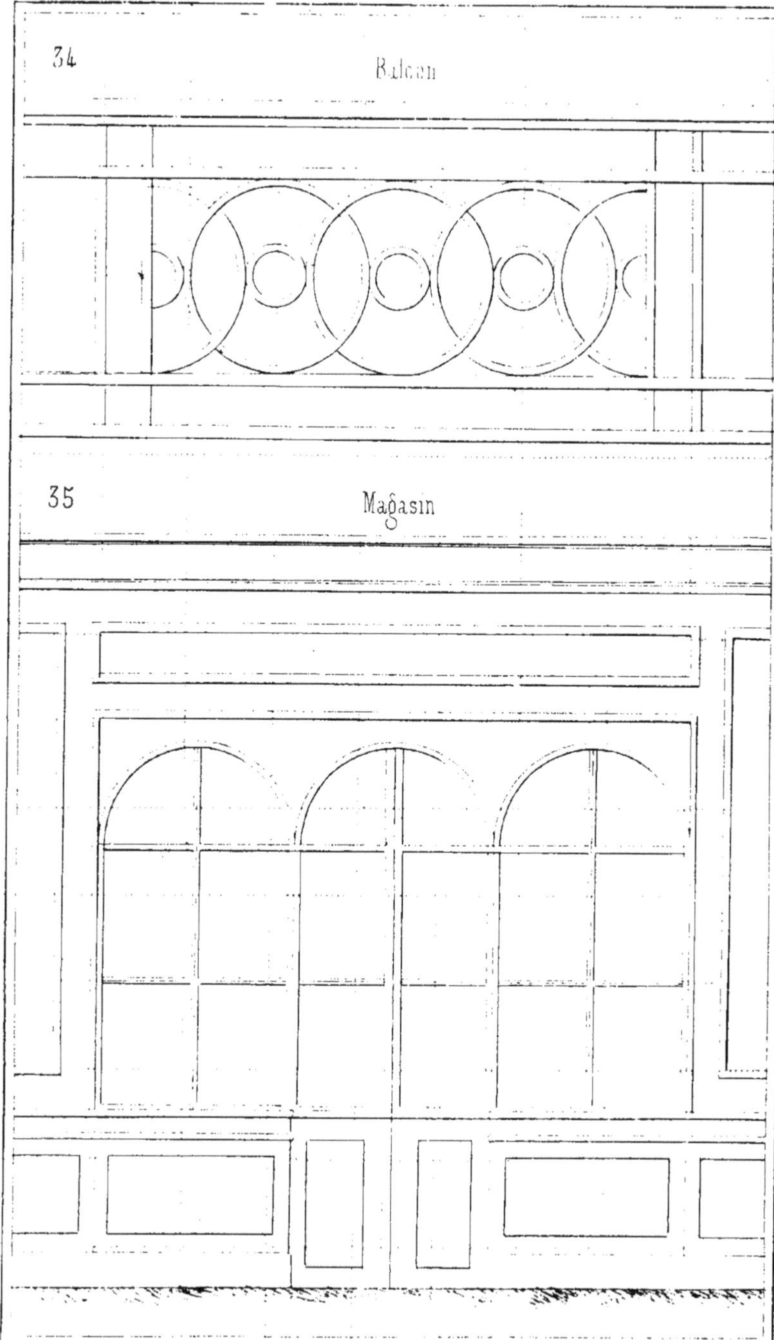
34
Balcon
35
Magasin

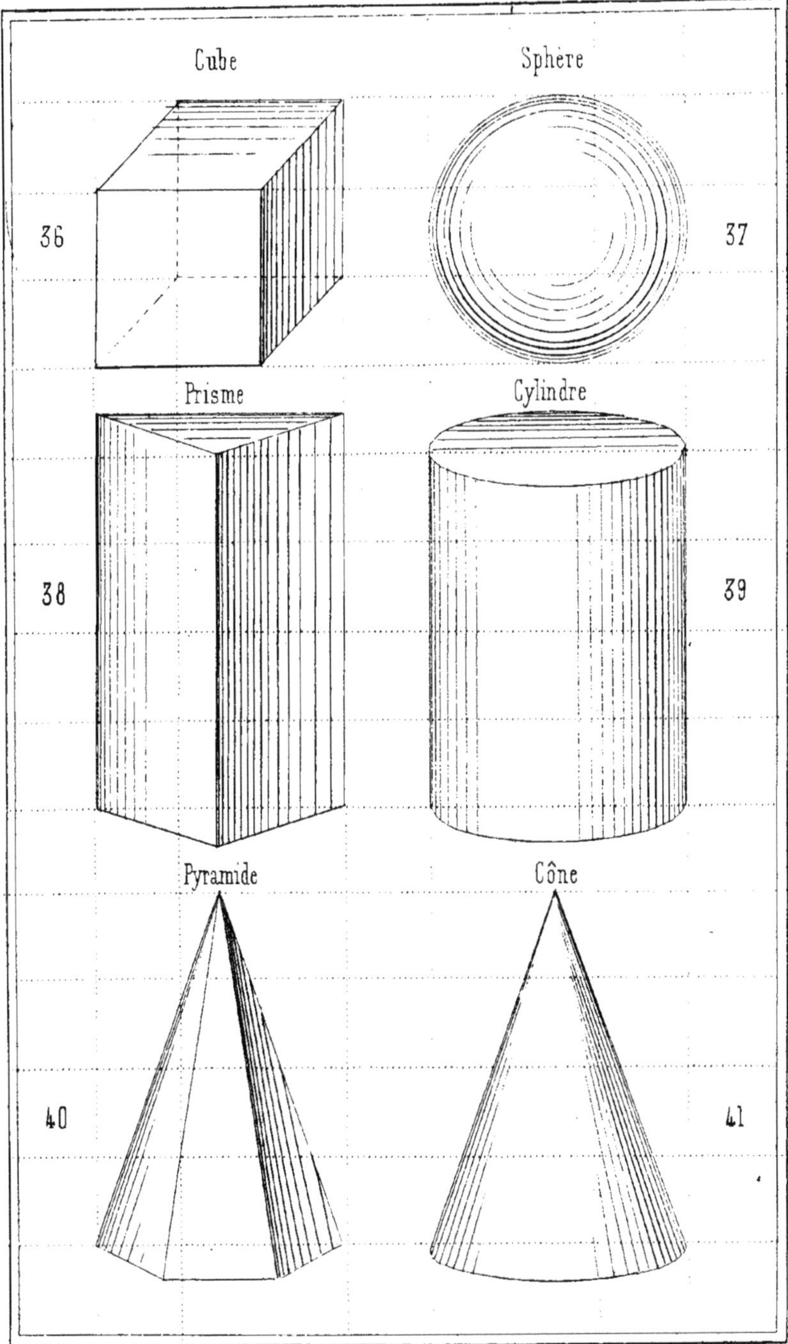
Cube
Sphère
36
37
Prisme
Cylindre
38
39
Pyramide
Cône
40
41

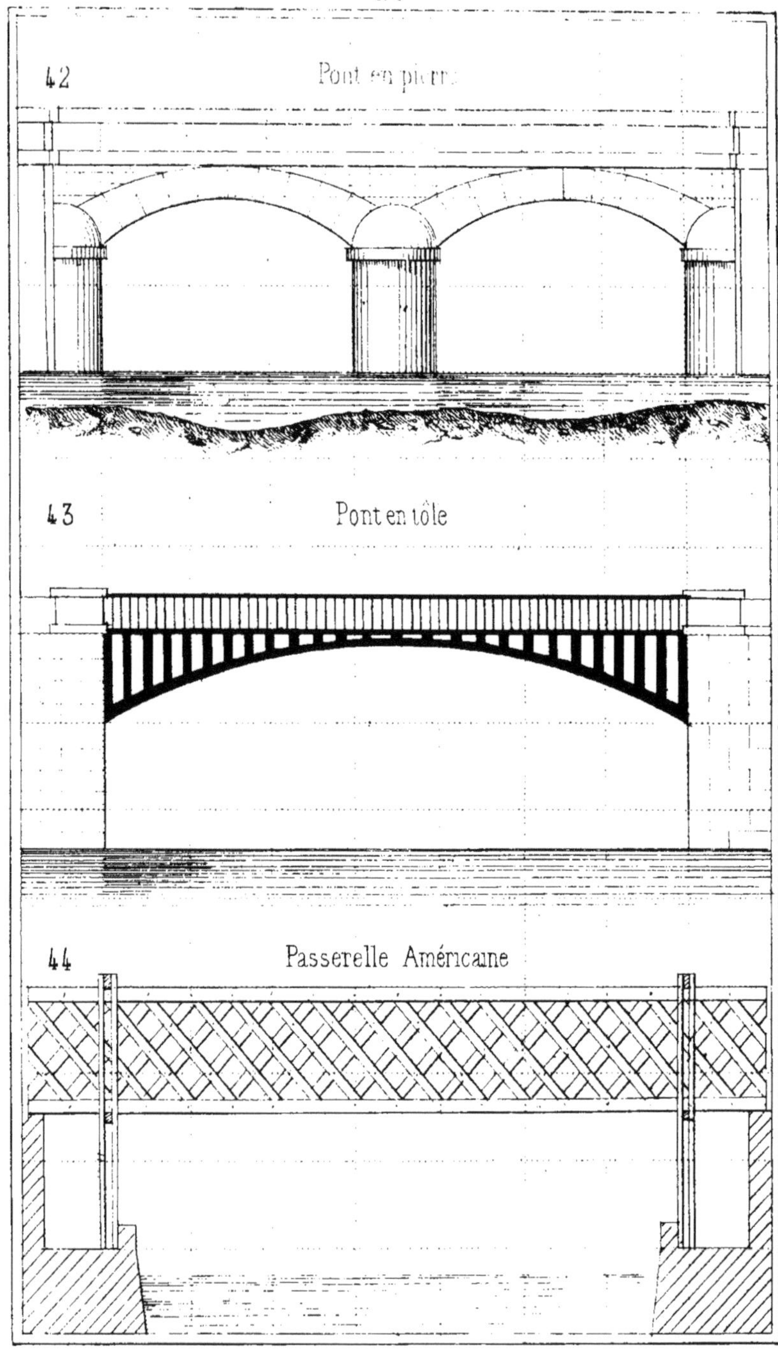
42
Pont en pierre
43
Pont en tôle
44
Passerelle Américaine

DESSIN LINÉAIRE.

POIDS ET MESURES.

55. Les poids et mesures sont, parmi les objets usuels, ceux qui sont d'un plus fréquent usage. Les unités d'après lesquelles tout le système métrique est établi sont de six natures; chacune de ces unités a pour mesures effectives ses multiples et sous-multiples décimaux, plus des mesures intermédiaires correspondant au double et à la moitié de chacune de celles-ci. — L'exécution des dessins de ces mesures, représentées page 29, fera comprendre leur forme et les gravera dans la mémoire des élèves.

56. Le **mètre linéaire** est l'unité fondamentale; sa longueur est égale à la quarante-millionième partie du méridien terrestre (cercle imaginaire qui fait le tour de la terre en passant par les pôles). — Le mètre se divise en 10 décimètres; chaque décimètre en 10 centimètres (*fig.* 45), et chaque centimètre en 10 millimètres.

Exécution de la figure 45 : 1° mener les lignes verticales, puis tracer les 11 horizontales indiquant la division en centimètres : ce premier travail est très-facile à exécuter sur le papier quadrillé; 2° mener les horizontales qui divisent chaque centimètre en deux parties égales, puis les petites divisions en millimètres; 3° diviser en demi-millimètres les millimètres du premier centimètre.

57. Le **mètre carré,** unité de mesure pour les petites surfaces, se divise en 100 décimètres carrés ou en 10000 centimètres carrés. — **L'are,** unité de mesure pour les

grandes surfaces, est un carré de **10** mètres de côté et qui contient, par conséquent, **100** mètres carrés. — Pour mesurer les surfaces, on se sert du mètre linéaire, de ses multiples et sous-multiples.

58. Le **mètre cube** ou **stère** est l'unité de mesure de solidité. On se sert pour mesurer les solides du mètre linéaire, et pour le bois de chauffage d'un bâti en bois appelé *membrure* (*fig.* 54), mesurant un, deux ou cinq stères.

Exécution de la figure 54 : 1° mener les horizontales qui représentent la *sole*, en limitant leur longueur par deux obliques parallèles ; 2° mener les verticales représentant les *montants ;* 3° mener les obliques représentant les *contre-fiches*.

59. Le **litre**, unité de mesure de capacité, est égal à la contenance d'un décimètre cube. — Les mesures de capacité pour les liquides, de **1** centilitre à **2** litres, sont en étain ou fer-blanc, et de la forme d'un cylindre terminé par des moulures (*fig.* 50). — Les mesures de capacité pour les céréales ou les matières sèches, de **5** centilitres à **2** hectolitres, sont en bois et cylindriques (*fig.* 47).

Exécution de la figure 50 : 1° mener les verticales ; 2° dessiner l'ellipse représentant l'intérieur, puis celles qui l'entourent ; 3° mener la demi-ellipse qui termine le cylindre à sa partie inférieure, puis les autres demi-ellipses.

Exécution de la figure 47 : 1° mener les verticales des côtés du cylindre, en les limitant par deux horizontales ; 2° tracer l'ellipse représentant l'intérieur, en observant bien que l'horizontale passe juste par le milieu ; 3° mener la demi-ellipse inférieure, puis les autres, de même forme que la moitié de l'ellipse supérieure.

60. Le **gramme** (*fig.* 48), unité de poids, est égal au poids d'un centimètre cube d'eau (*fig.* 46). — Les poids effectifs sont en laiton pour les petites pesées, de **1** milligramme à 5 décigrammes ; en cuivre (*fig.* 48 et 49) et de

la forme d'un petit cylindre surmonté d'un bouton, pour les poids moyens, de 1 gramme à 20 kilogrammes; en fonte et de la forme d'une pyramide tronquée, pour les gros poids (*fig.* 51 et 52), de 5 décagrammes à 50 kilogrammes.

Exécution de la figure 46 : 1° tracer les deux carrés composés d'horizontales et de verticales, et représentant la face antérieure et la face postérieure; 2° mener les quatre obliques parallèles qui les relient par leurs angles.

Exécution des figures 48 *et* 49 : 1° dessiner les cylindres, comme à la figure 47; 2° dessiner les boutons bien au milieu des ellipses supérieures.

Exécution des figures 51 *et* 52 : 1° mener les horizontales formant les bases; 2° mener les obliques limitant les surfaces latérales en forme de trapèzes.

61. Le **franc** (*fig.* 53), unité de monnaie pèse 5 grammes, dont 4 grammes et demi d'argent et un demi-gramme d'alliage. — Les monnaies effectives sont en bronze, de 1 à 10 centimes; en argent, de 20 centimes à 5 francs; en or, de 5 francs à 100 francs.

Exécution de la figure 53 : tracer plusieurs circonférences dont la plus grande doit avoir 23 millimètres de diamètre.

MEUBLES, USTENSILES, ETC.

62. *Exécution des figures* 55 *et* 56 : mener les horizontales et les verticales, puis l'ellipse qui représente le cercle de la surface supérieure du poêle.

63. *Exécution des figures* 57 *à* 65 : 1° commencer par mener les horizontales, les verticales, les obliques, puis les courbes qui dessinent les contours principaux, ou la masse de chaque objet; 2° dessiner ensuite les détails et commençant toujours par les plus importants; 3° terminer par les lignes qui servent à représenter les ombres ou le modelé.

Dans les figures symétriques, telles que 63, 64, 65, commencer toujours par mener au crayon et très-légèrement une verticale appelée *ligne d'axe*, qui s'efface ensuite. Cette ligne doit passer par le milieu du dessin et sert de point de départ pour porter les mêmes mesures de chaque côté.

64. *Exécution des figures* 66 *à* 74 : commencer le dessin de chaque figure par le tracé des lignes droites et de celles qui composent les contours.

FEUILLES, FLEURS, FRUITS, ORNEMENTS.

65. Les feuilles, les fleurs et les fruits entrent pour la majeure partie dans la composition des ornements, et plusieurs ont des significations symboliques. Ainsi le *laurier* (*fig.* 75) est l'attribut de la valeur militaire; le *chêne* (*fig.* 77), du courage civil; l'*olivier* (*fig.* 76), de la paix; le *lierre* (*fig.* 78), de l'attachement.

Les figures 88, 89 et 90 sont des *moulures* ornées que l'on emploie en architecture, en ébénisterie, en serrurerie, etc., avec ou sans les ornements, qui peuvent être très-variés.

66. *Exécution des figures* 75 *à* 94 : pour dessiner les feuilles, les fruits, les ornements, il faut toujours commencer par mener au crayon et très-légèrement des lignes qui déterminent les masses et qui s'effacent ensuite, lorsqu'on a dessiné les détails, soit au crayon en appuyant un peu plus, soit à l'encre.

Pour le dessin au crayon, il faut qu'il soit toujours taillé fin. A la plume ou au crayon, les lignes d'ombre ou fortes s'obtiennent en repassant ou en appuyant un peu plus que sur les lignes fines.

Pour les ombres ou le modelé à l'encre, celle-ci doit être un peu plus pâle que pour le tracé des contours, ce qui rend le dessin moins dur.

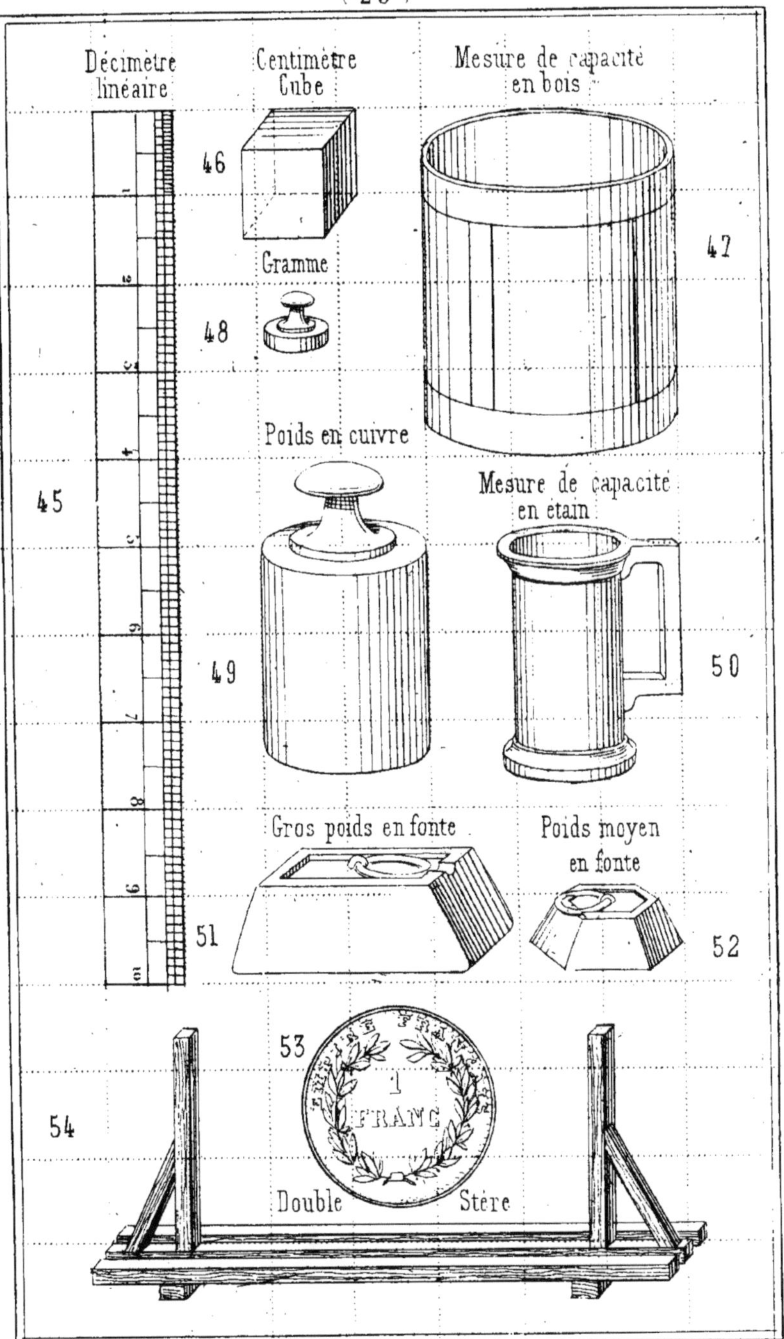

Planche 1ère   Paris. J. Delalain Imp-Edit r des Ecoles   5

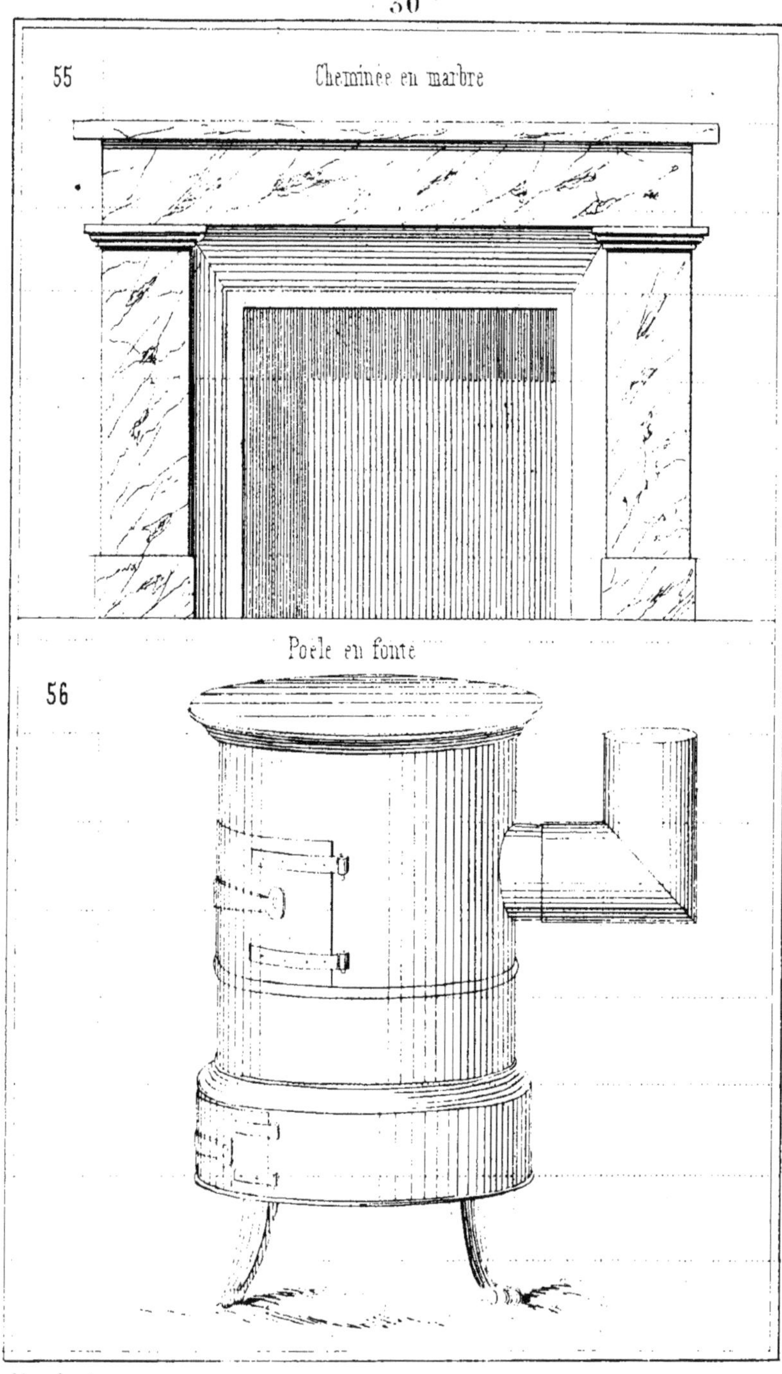
55
Cheminée en marbre
Poêle en fonte
56

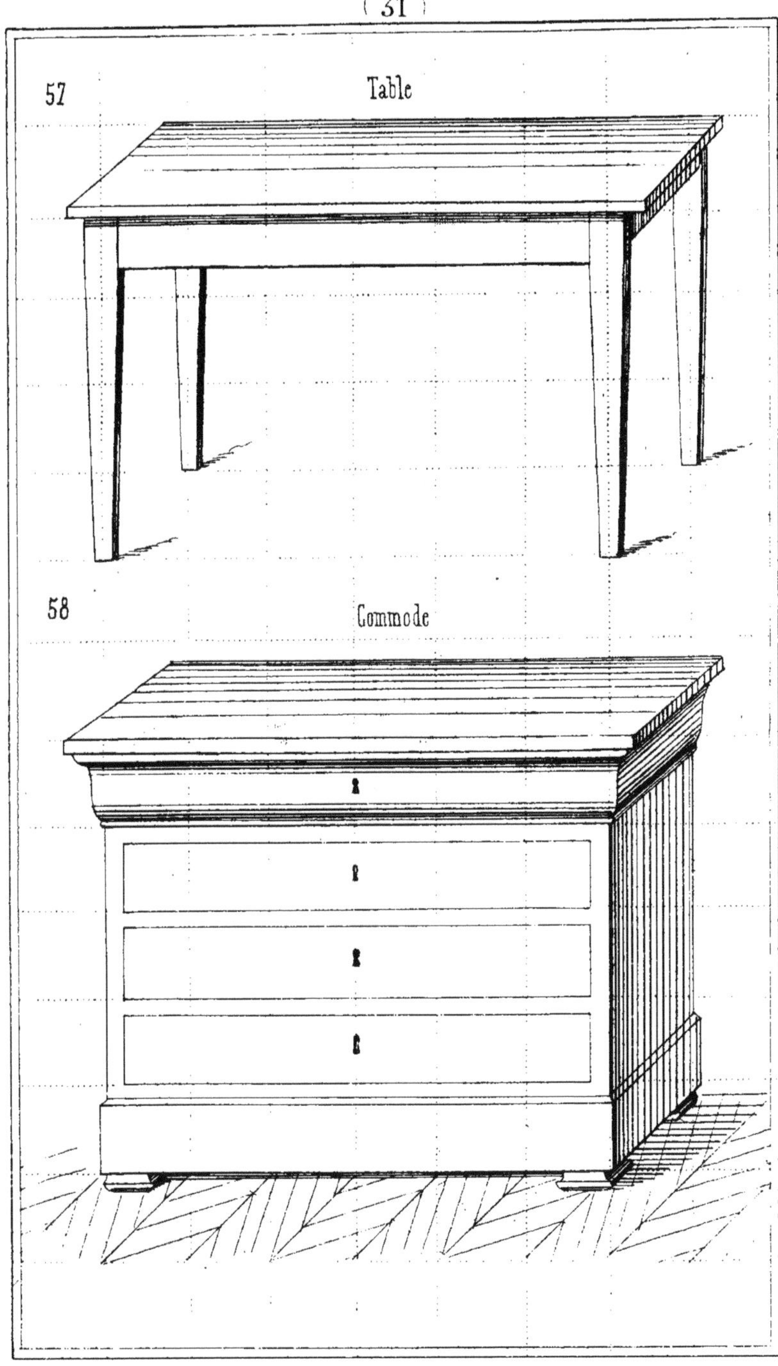
57
Table
58
Commode

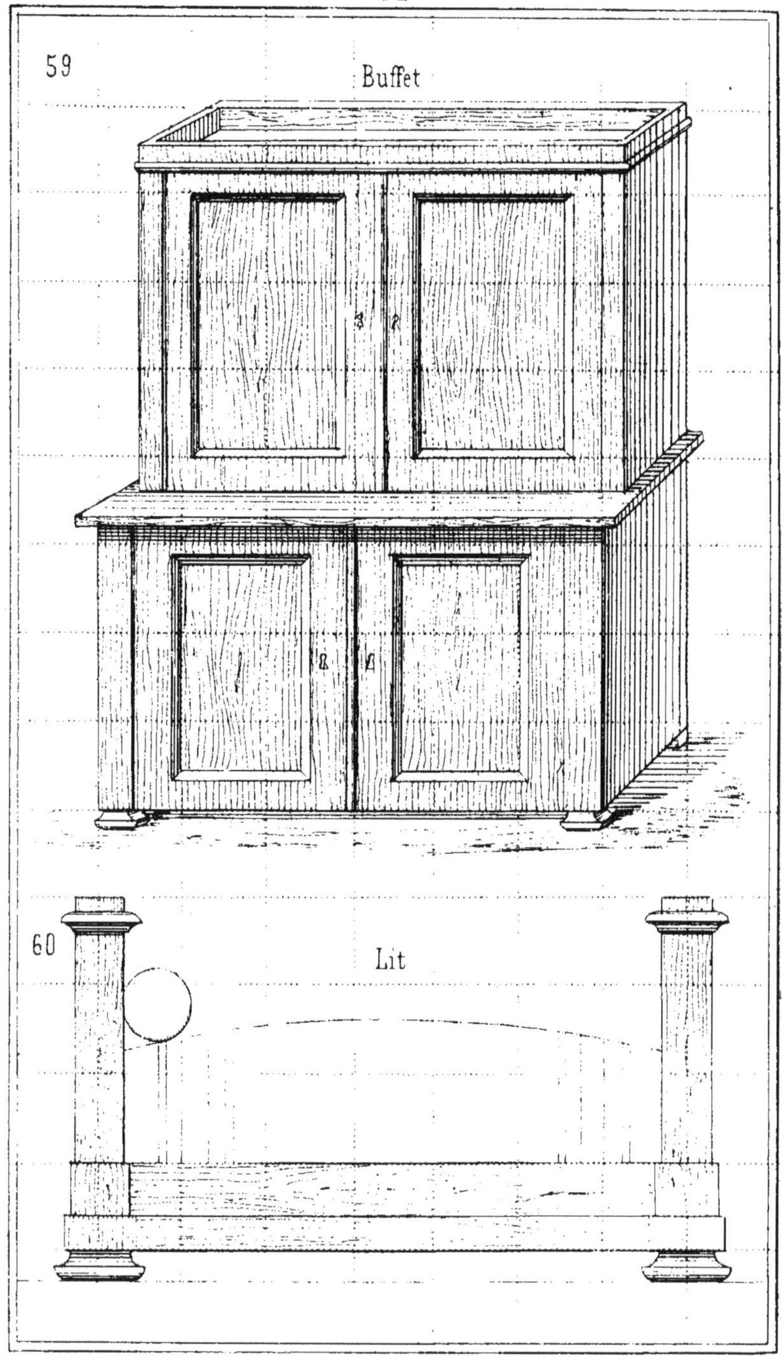
59
Buffet
60
Lit

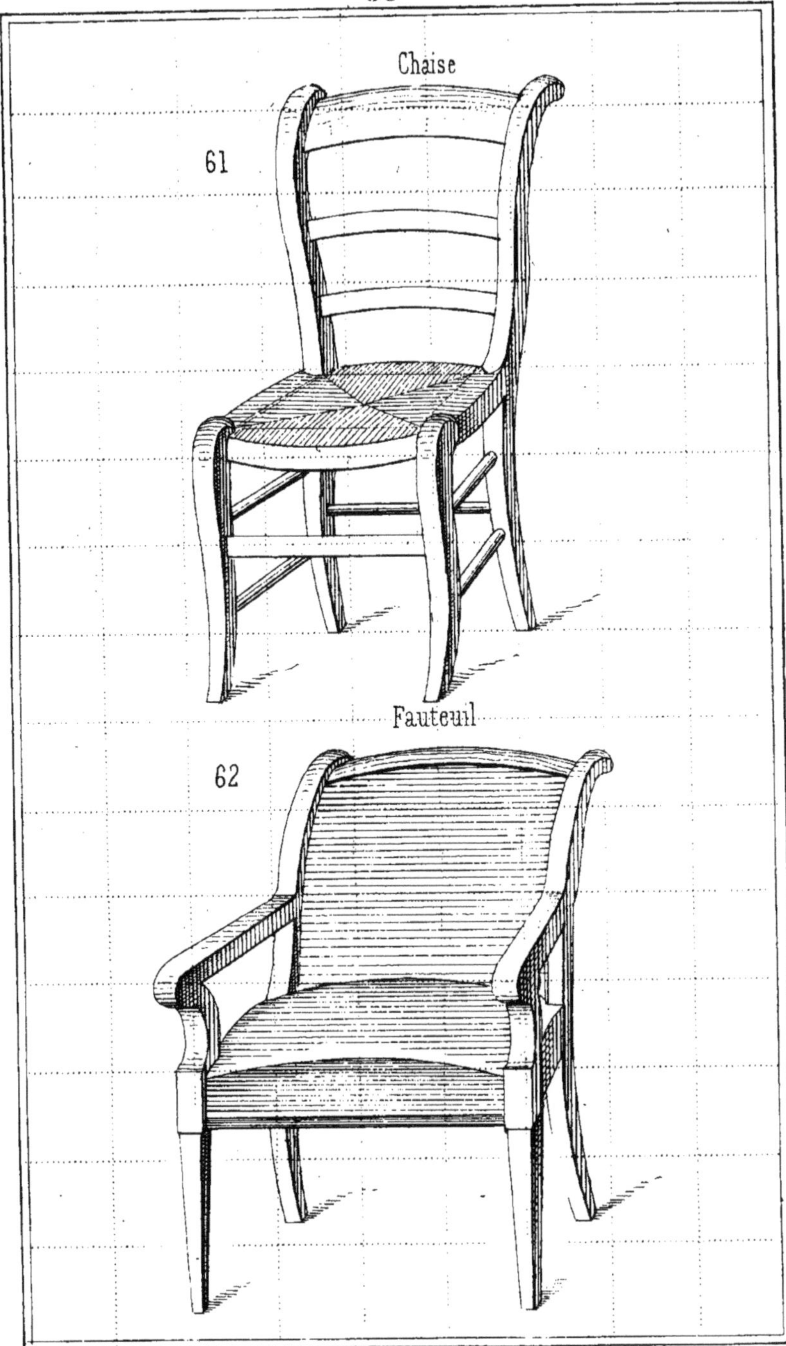
Chaise
61
Fauteuil
62

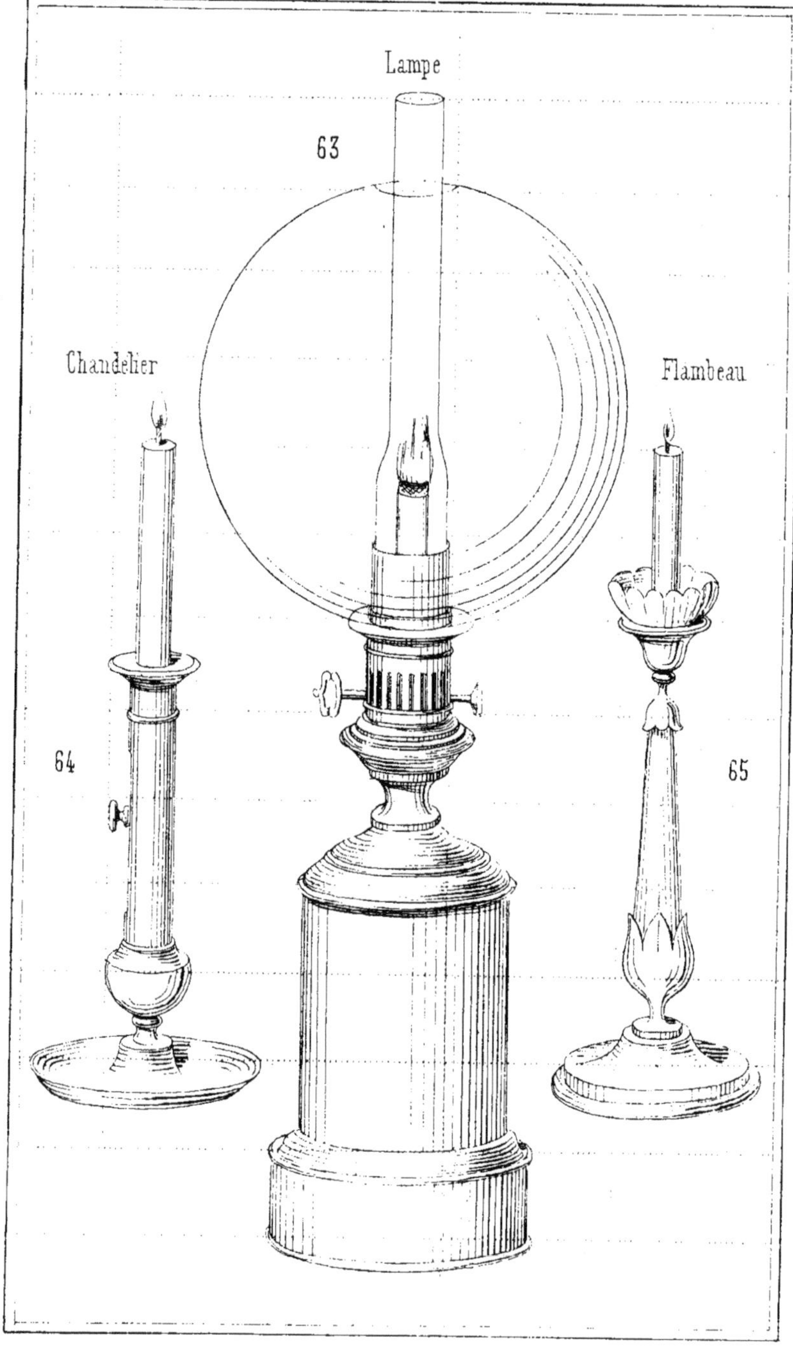
Lampe
63
Chandelier
64
Flambeau
65

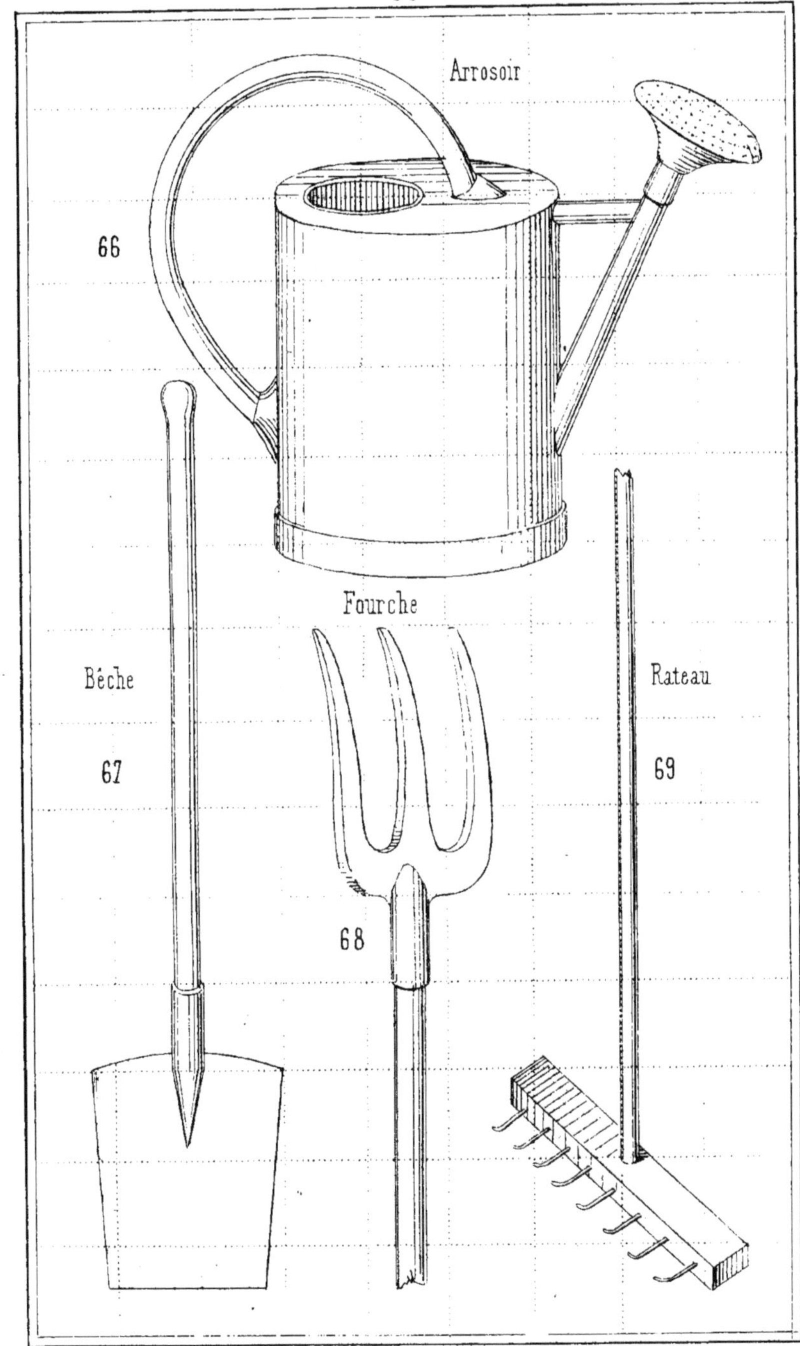
Arrosoir
66
Fourche
Bêche
Rateau
67
69
68

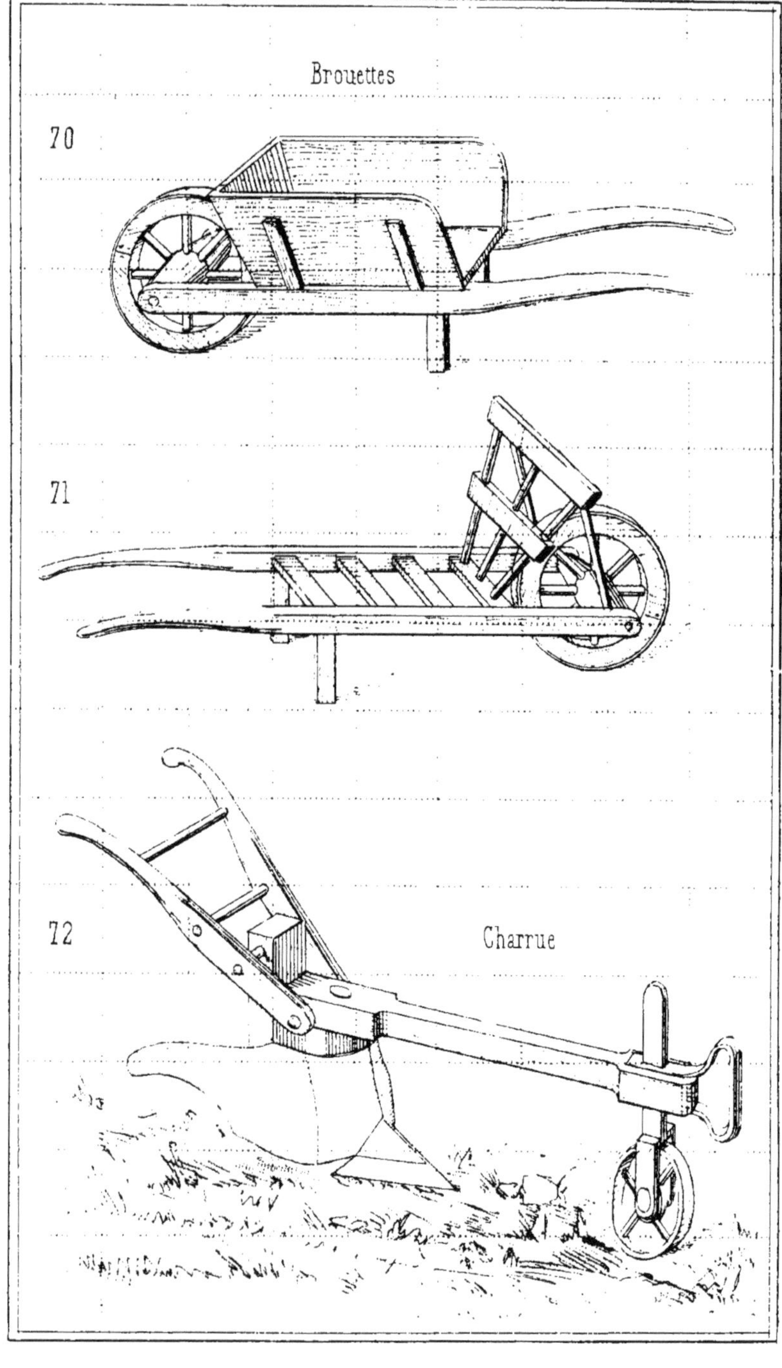
Brouettes
70
71
72
Charrue

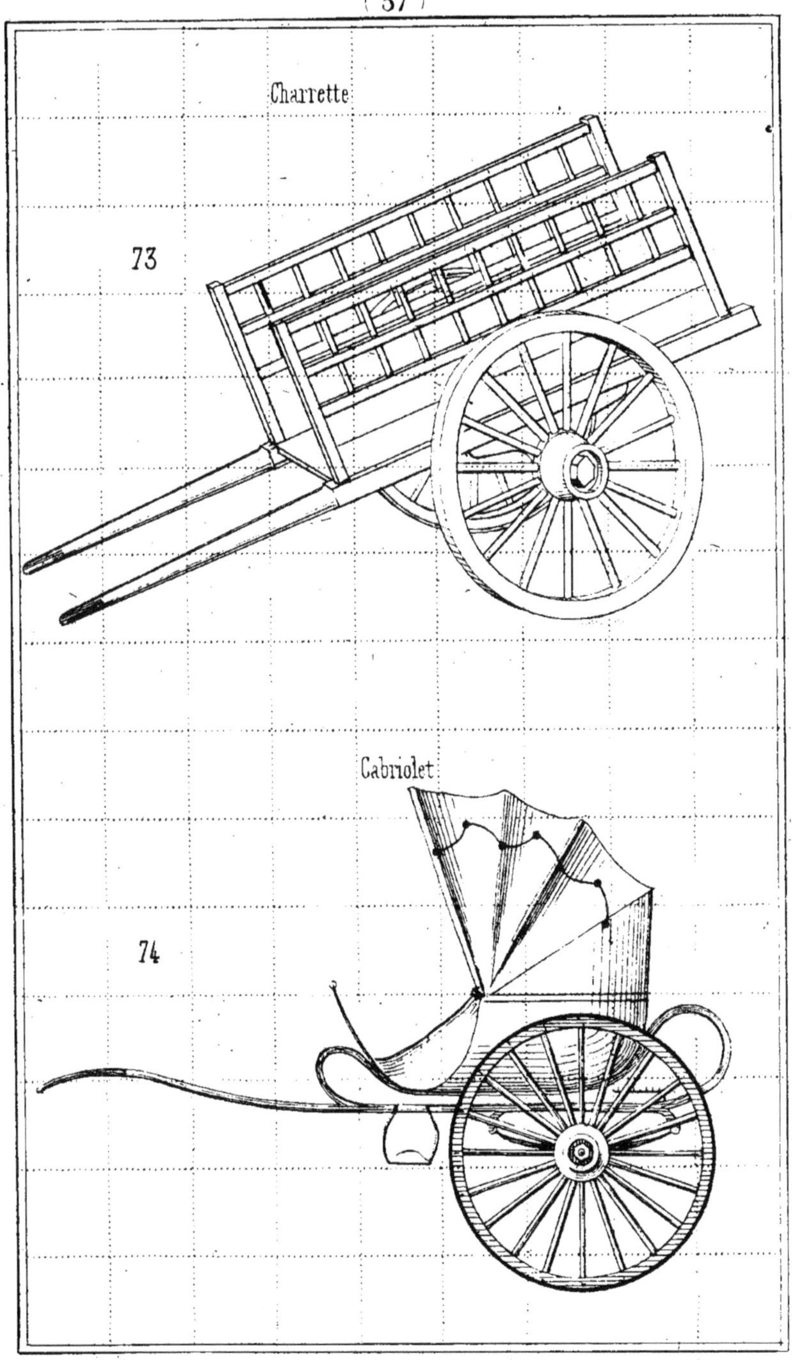

Planche 1ère

Paris J. Delalain Imp-Edit r des Ecoles

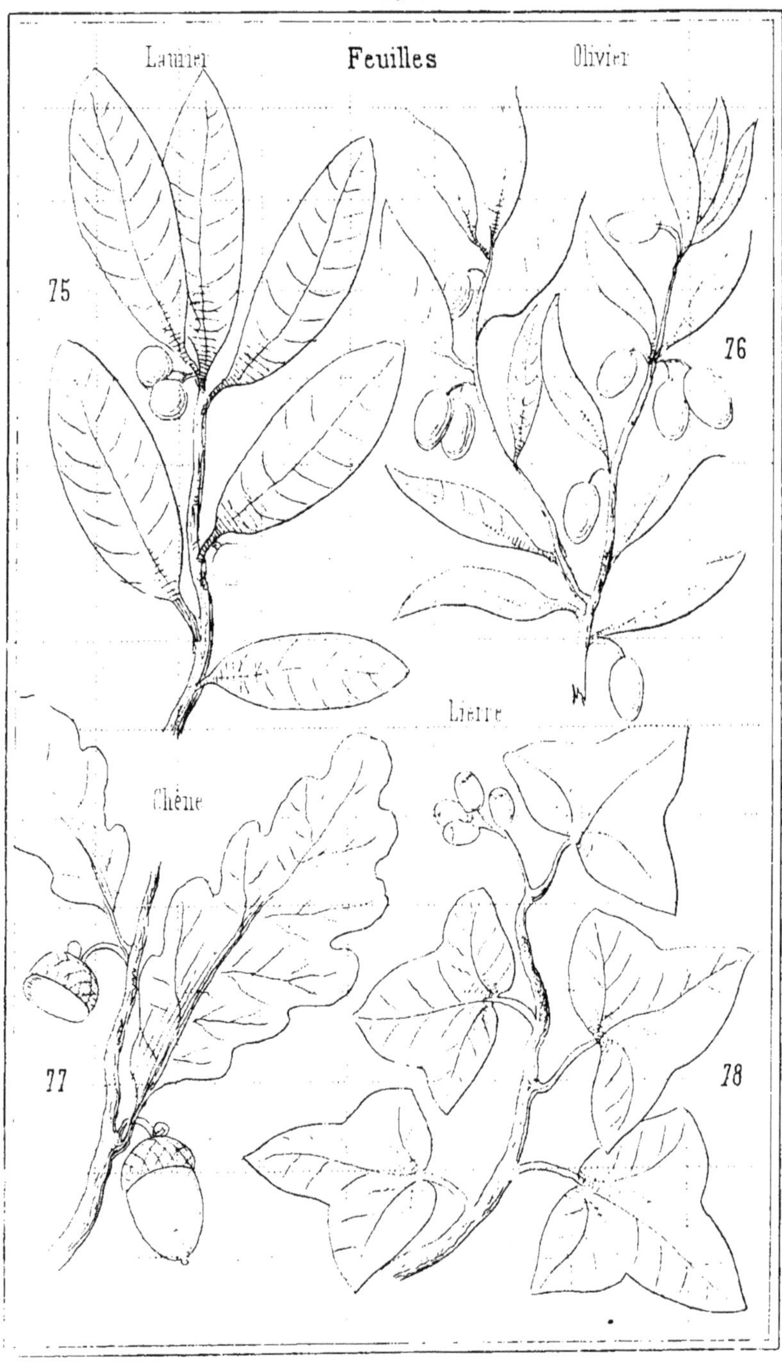
Laurier
Feuilles
Olivier
75
76
Lierre
Chêne
77
78

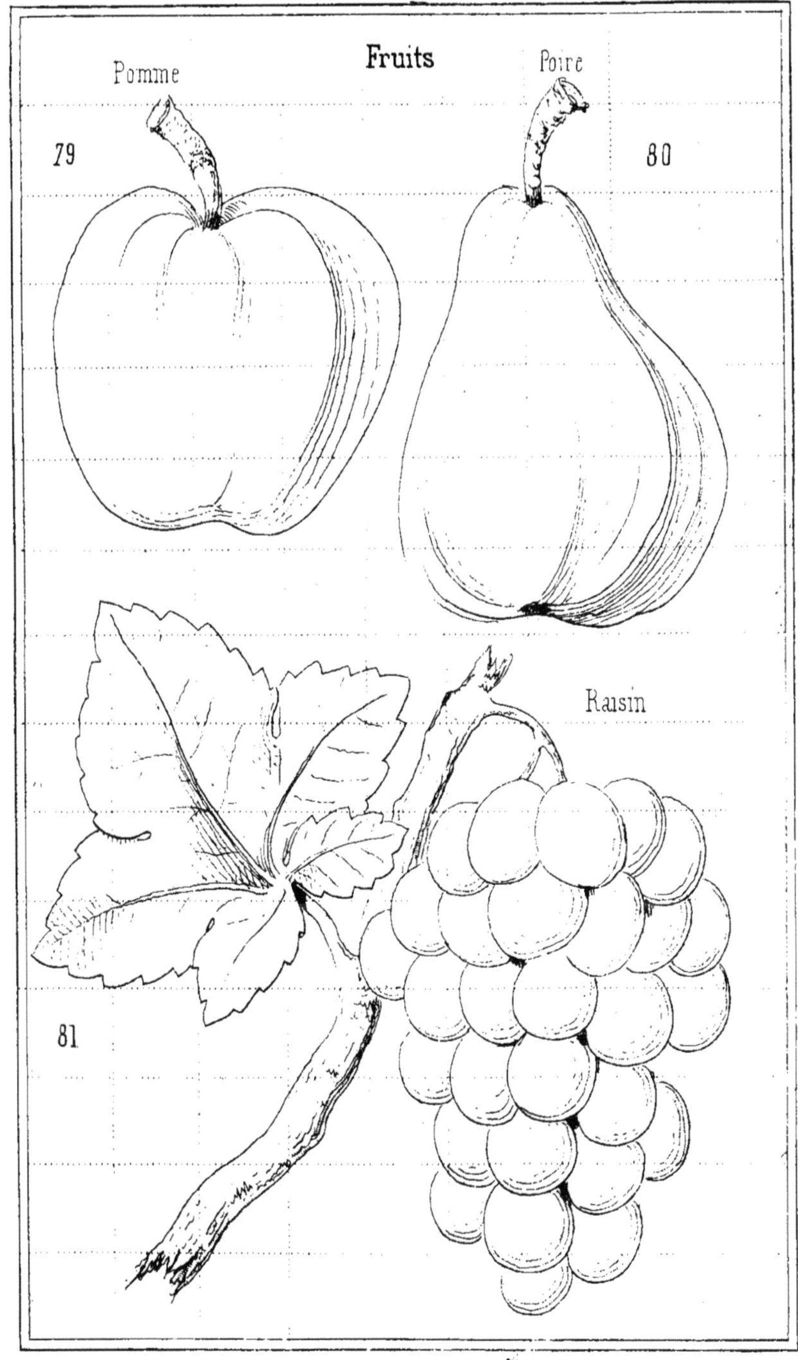
Fruits
Pomme
Poire
79
80
Raisin
81

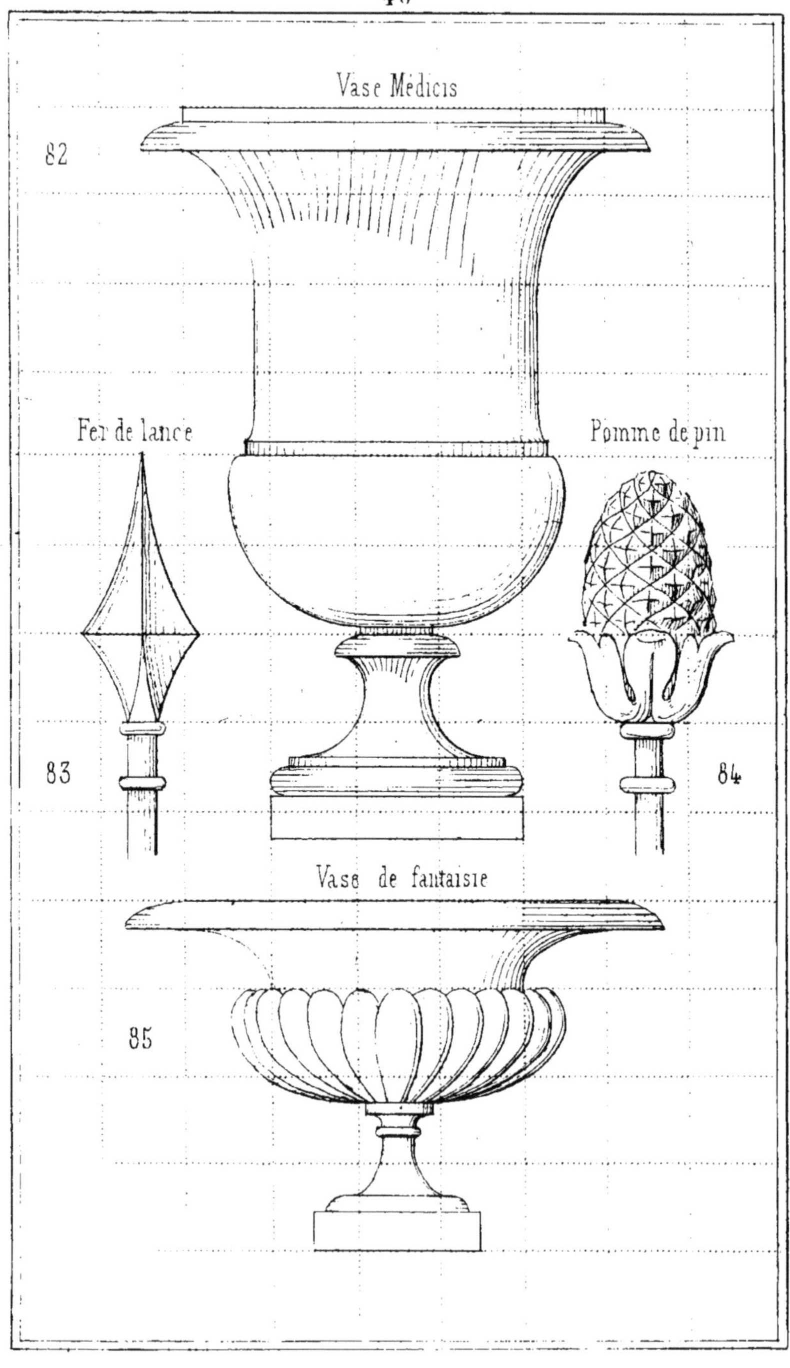
Vase Médicis
82
Fer de lance
Pomme de pin
83
84
Vase de fantaisie
85

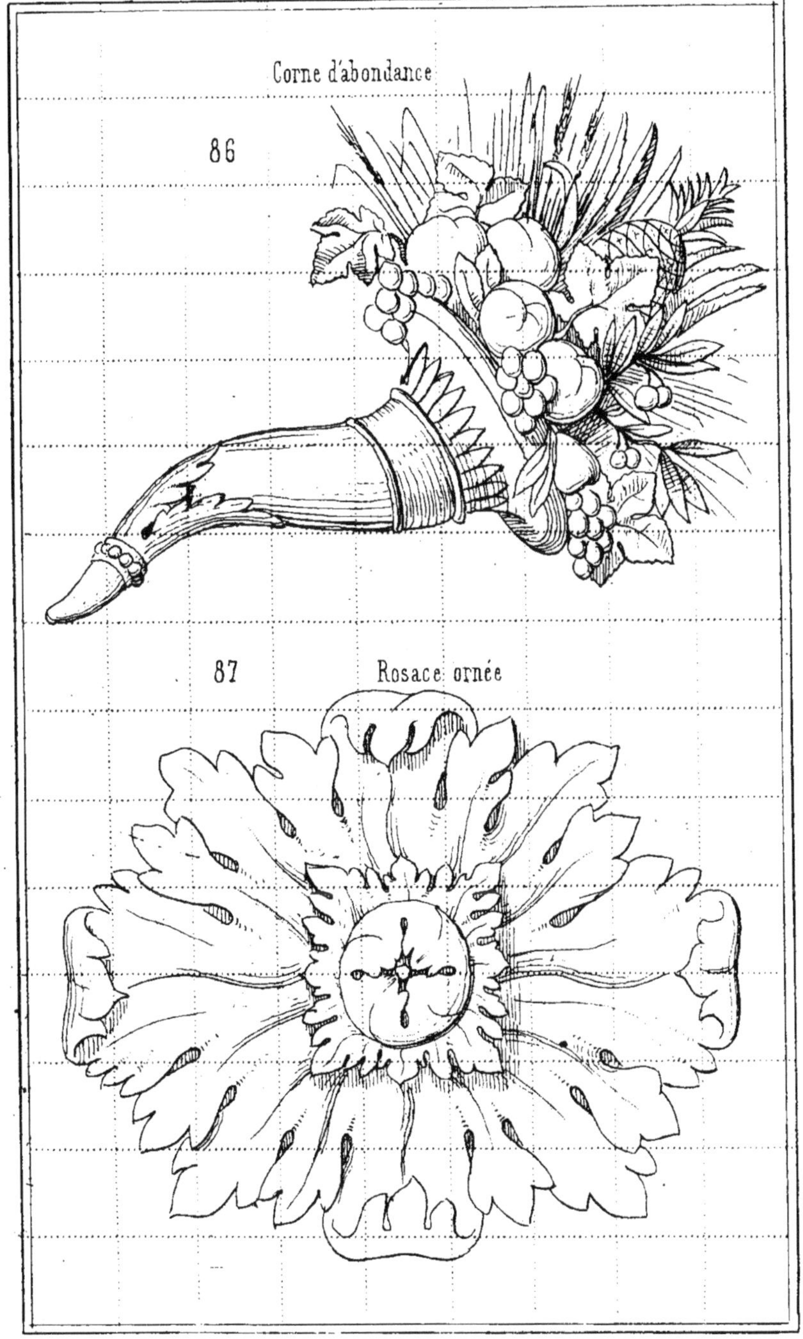
Corne d'abondance
86
87
Rosace ornée

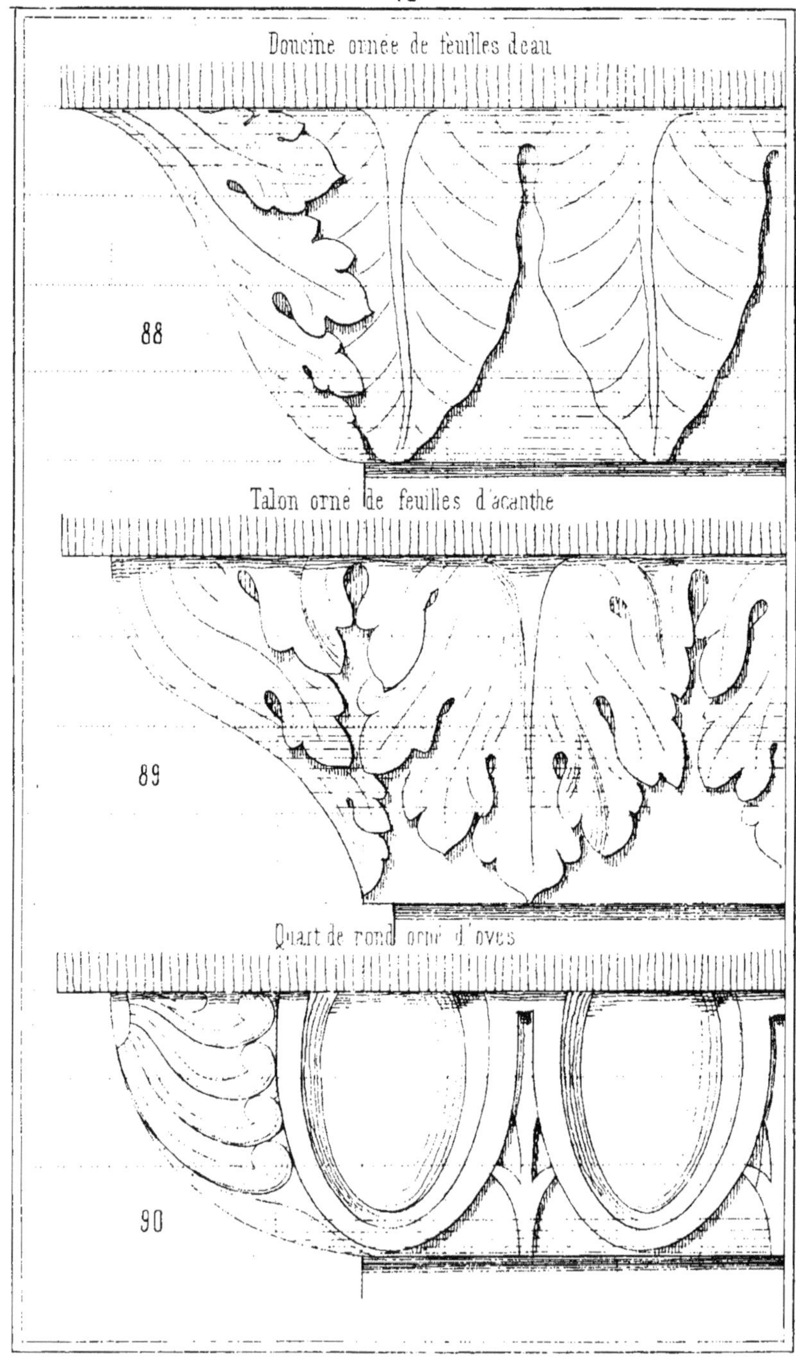
Doucine ornée de feuilles deau
88
Talon orné de feuilles d'acanthe
89
Quart de rond orné d'oves
90

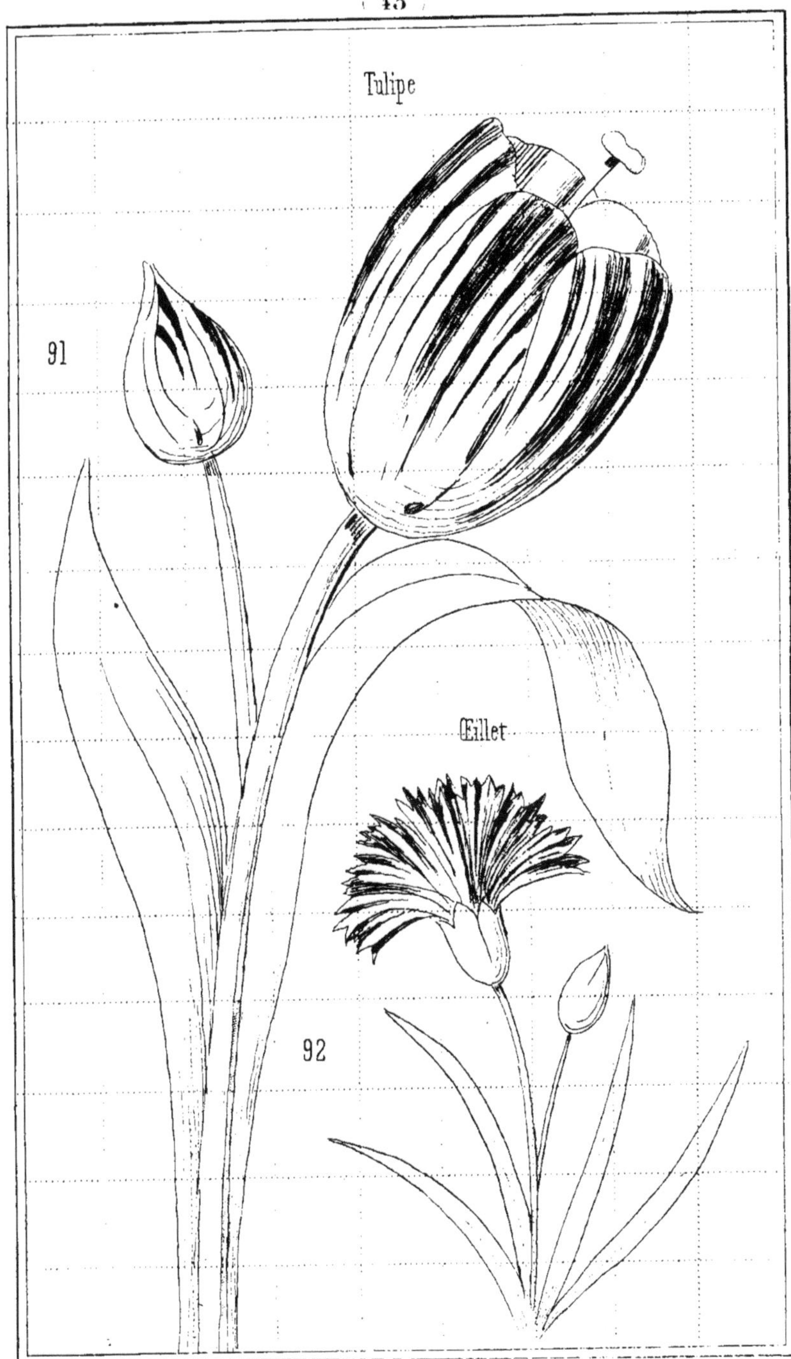
Tulipe
91
Œillet
92

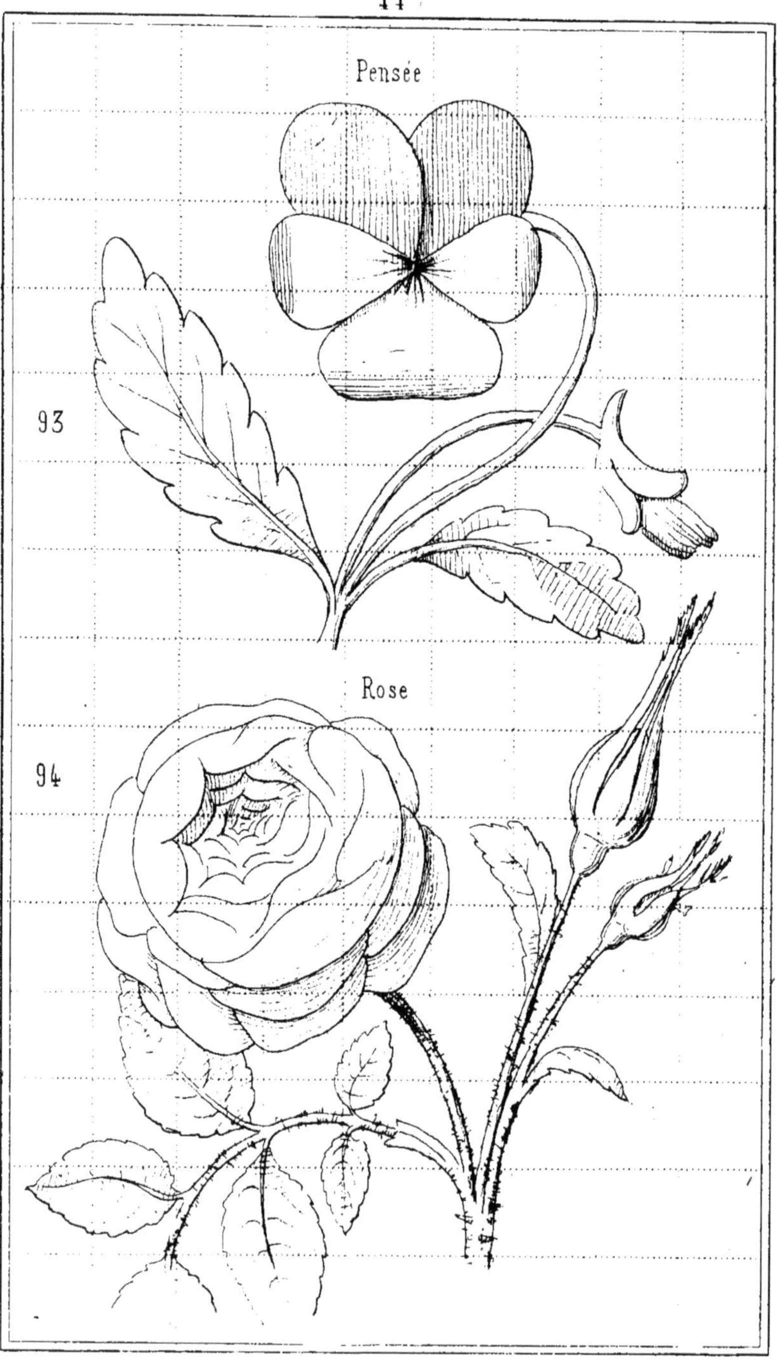
Pensée
93
Rose
94

DESSIN D'IMITATION.

PAYSAGES.

67. Le dessin de paysage est assurément celui qui plaît le plus aux commençants, et les résultats sont pour ainsi dire satisfaisants dès le principe. La raison en est qu'il y a fort peu de lignes dont le tracé exige une exactitude rigoureuse. Les seules observations que nous croyons devoir faire ici consistent dans la recommandation de conserver entre les objets leurs dimensions relatives (*fig.* 95).

68. L'éloignement diminue à l'œil tous les objets, c'est ce que l'on nomme la *perspective;* ainsi un personnage placé sur le devant d'un paysage peut être dessiné aussi grand qu'une maison qui est dans l'éloignement; mais si la maison et le personnage sont supposés à la même distance, il ne faut pas, par exemple, que l'homme soit plus haut que la porte de la maison.

69. La perspective donne encore lieu à un autre effet; nous voulons parler de la diminution des *clairs* et des *ombres*. Un objet rapproché doit avoir les ombres bien tranchées et les clairs bien brillants, tandis qu'un objet éloigné prend une teinte grise d'autant plus uniforme que la distance est plus grande.

70. Il résulte de ce double effet produit par la perspective, qu'à l'*horizon*, c'est-à-dire à la distance que peut atteindre la vue, tous les objets apparaissent comme ayant tous la même teinte grise et la même hauteur; c'est ce qui fait qu'un observateur, placé sur un point élevé et ne rencontrant aucun obstacle jusqu'à perte de vue, découvre autour de lui un immense cercle, dont tous les objets les plus éloignés et formant la circonfé-

rence semblent tous être à la hauteur de son œil. C'est cette circonférence que l'on nomme *cercle de l'horizon*.

71. Le dessin de paysage se fait mieux au crayon de plombagine qu'à la plume; il faut choisir un crayon qui ne soit ni trop dur ni trop mou, et correspondant aux crayons Gilbert ou Walter nº 2.

ÉDIFICES.

72. Dans le dessin des édifices, ou maisons d'habitation, il est indispensable d'observer certaines proportions relatives entre les différentes parties qui les composent. Dans une maison ordinaire, par exemple, la hauteur des étages varie de 2 mètres 20 centimètres à 3 mètres; celle des fenêtres de 1 mètre 75 centimètres à 2 mètres, soit les trois quarts environ de la hauteur de l'étage; celle des portes de 2 mètres à 2 mètres 50 centimètres. Les étages inférieurs sont toujours plus élevés que les étages supérieurs. La largeur des portes est de 80 centimètres à 1 mètre 20 centimètres; celle des fenêtres est le plus ordinairement de 1 mètre.

73. Dans une maison d'école (*fig*. 96), on doit donner aux classes une grande hauteur d'étage, afin qu'elles soient aérées en proportion du nombre des élèves. Bien observer, en dessinant cette figure, de donner la même dimension aux carreaux des fenêtres symétriquement disposées.

74. La disposition d'une mairie (*fig*. 97) doit être plus riche que celle d'une habitation ordinaire; son entrée surtout doit avoir quelque chose d'imposant. Même observation pour le dessin de cette figure que pour celui de la figure précédente.

75. Une église de village (*fig*. 98) doit être simple, surtout extérieurement. Dans le dessin de ce modèle,

observer l'obliquité entre elles des lignes qui marquent le haut et le bas de chaque toit; ces lignes prolongées se rencontreraient toutes en un même point, d'après les règles de la perspective.

ANIMAUX.

76. Le dessin des animaux demande plus d'attention que celui de paysage, surtout dans le rapport des divers membres entre eux. Il faut aussi tenir compte de la nature des animaux. Aux uns, la grâce, la légèreté dans les formes; aux autres, la roideur quelquefois massive.

77. Un coq, par exemple (*fig.* 100), doit porter fièrement la tête; un mouton (*fig.* 102) a les pattes lourdes et roides, tandis qu'un chevreuil les a légères et gracieuses.

De la pose encore dépend la forme des membres; un chien en arrêt (*fig.* 101) a les pattes de devant roides et posant ferme sur le sol, tandis que celles de derrière ont une flexion qui lui permet de s'élancer avec promptitude et vigueur.

Un cheval au repos (*fig.* 103) a les deux jambes de devant rapprochées et celles de derrière un peu écartées (on dit les *jambes* et la *bouche* d'un cheval); ces jambes ont à peu près la même hauteur que le corps, tandis que dans une vache (*fig.* 104) ou un bœuf, elles sont plus courtes.

NATURE HUMAINE.

78. Les parties les plus importantes à dessiner dans la tête humaine, sont les yeux (*fig.* 105 et 106), le nez (*fig.* 107 et 108) et la bouche (*fig.* 109 et 110). On nomme ***Profil***, un objet vu de côté, et ***Face***, un objet vu dans son entier.

79. Dans le dessin d'une main (*fig.* 58) ou d'un pied (*fig.* 59), il faut bien marquer les articulations de chaque partie que l'on nomme *phalanges;* le pouce a deux phalanges et chacun des quatre doigts en a trois.

80. Les proportions que l'on attribue aux diverses parties de la tête (*fig.* 113 et 114) varient à l'infini, mais c'est en comparant les dissemblances d'un modèle avec les règles posées que l'on parvient à bien saisir sa ressemblance.

En décrivant une circonférence, puis un ovale d'un cinquième plus long par la partie inférieure, on obtient l'ovale de la figure humaine; il a ainsi cinq parties égales en largeur et six en hauteur. Les sourcils commencent au-dessous de la seconde partie; le nez à la quatrième, les ailes descendant un peu plus bas; la bouche aux deux tiers de la cinquième. En largeur, les ailes du nez et la bouche dépassent un peu la partie du milieu, à laquelle viennent toucher de chaque côté les coins inférieurs des yeux qui s'étendent chacun dans la largeur d'une partie. Les oreilles occupent en hauteur de la ligne qui passe par les paupières supérieures jusqu'à la ligne qui passe au-dessous du nez.

Nous le répétons, ces mesures ne sont pas souvent observées dans la nature, mais elles peuvent guider dans l'appréciation des proportions d'un modèle.

81. Dans le dessin de la nature humaine, il faut que les lignes de contours soient fermes et correctes. On doit surtout observer la symétrie qui existe dans certaines parties; les deux yeux, par exemple, les deux ailes du nez, les deux coins de la bouche. Il faut surtout chercher à rendre l'expression qui doit régner sur une figure; celle du Christ, par exemple (*fig.* 115), doit respirer le calme, la douceur, la majesté.

Pour l'exécution, il faut, ainsi que nous l'avons déjà dit, commencer par esquisser les masses, en prenant d'abord les dimensions principales, et ne rien négliger dans les détails, tout dans ce dessin exigeant la plus grande attention.

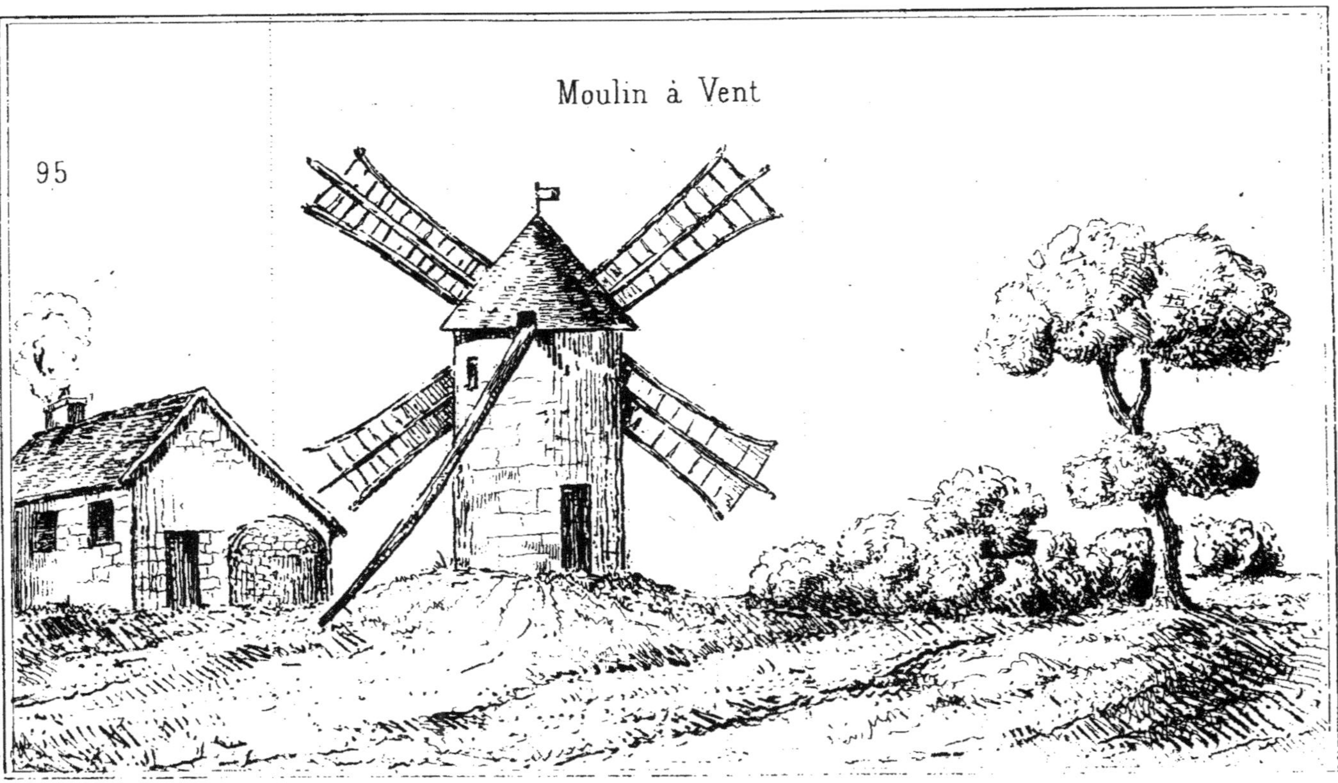

Planche 3 Paris J. Delalain Impr-Edit.r des Ecoles.

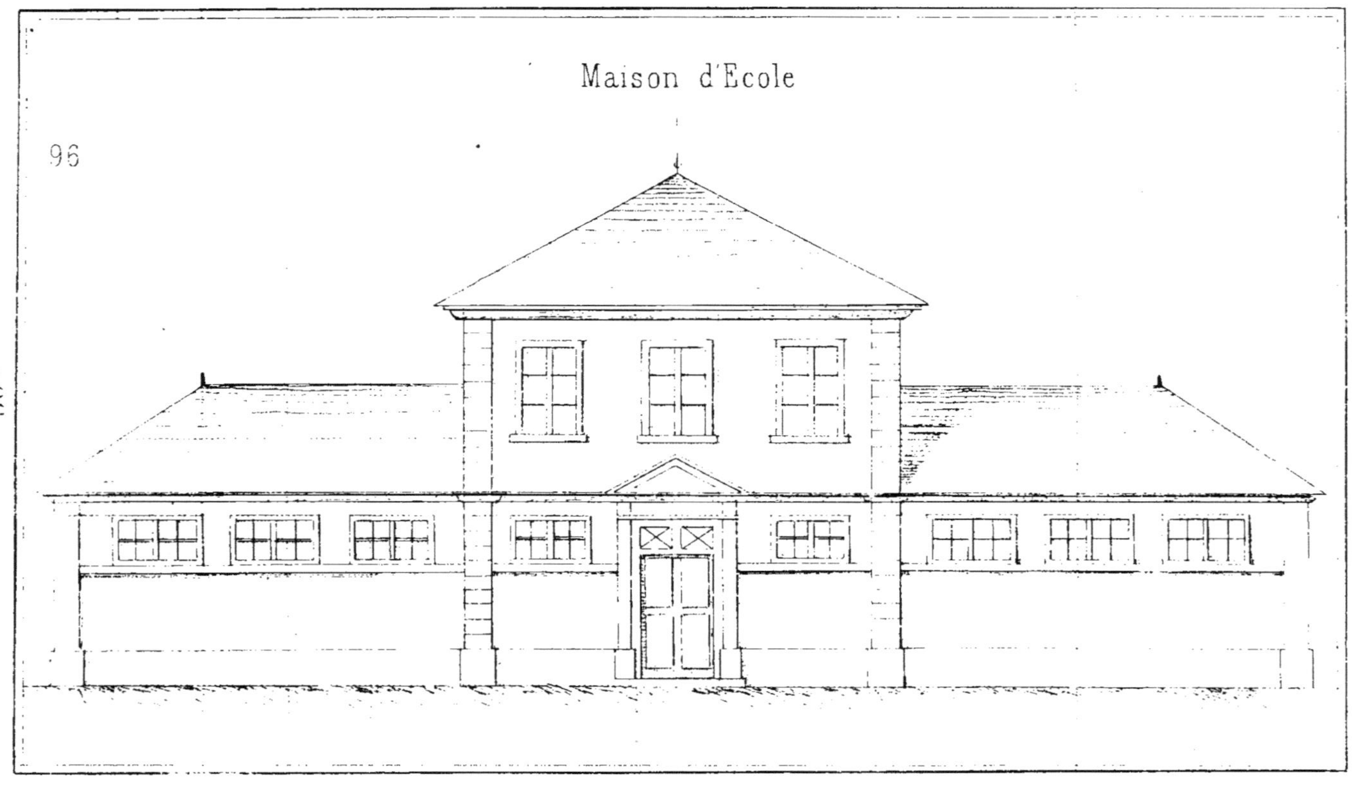
96
Maison d'Ecole

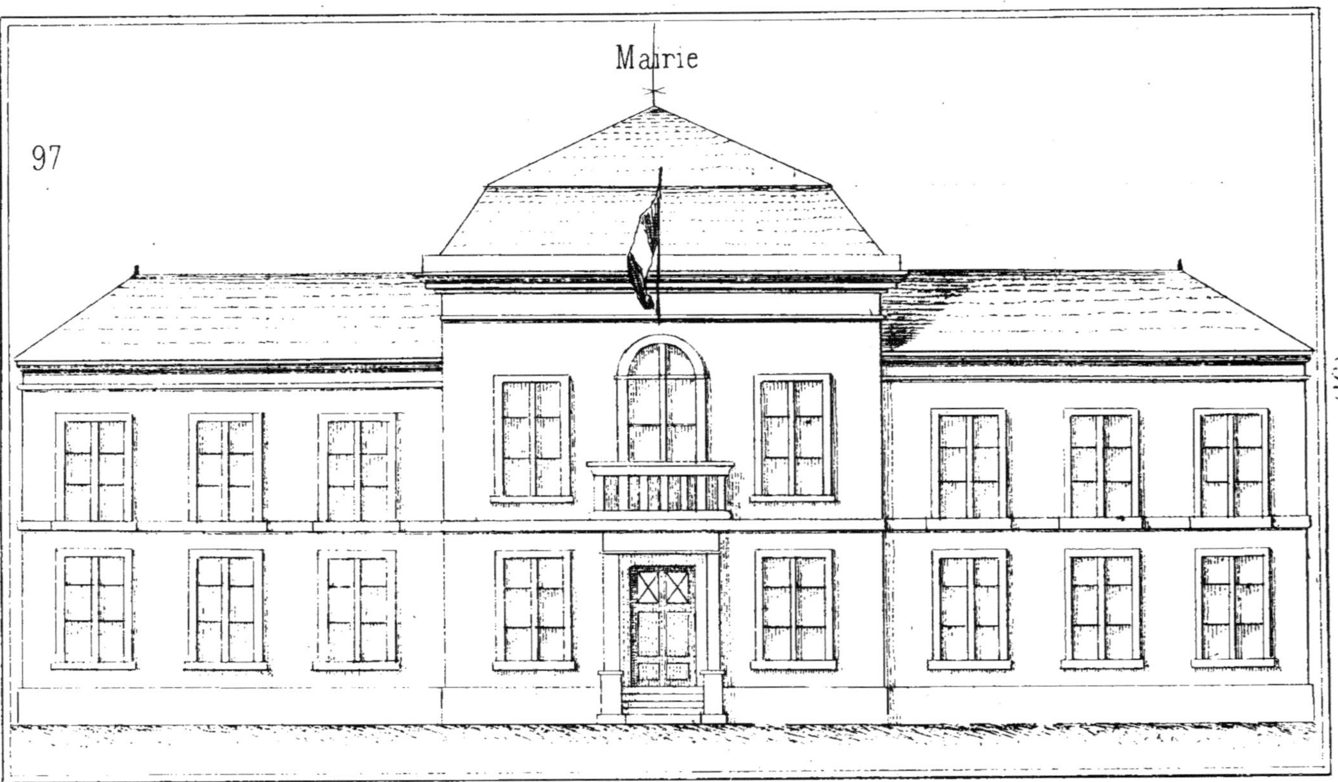
Mairie
97

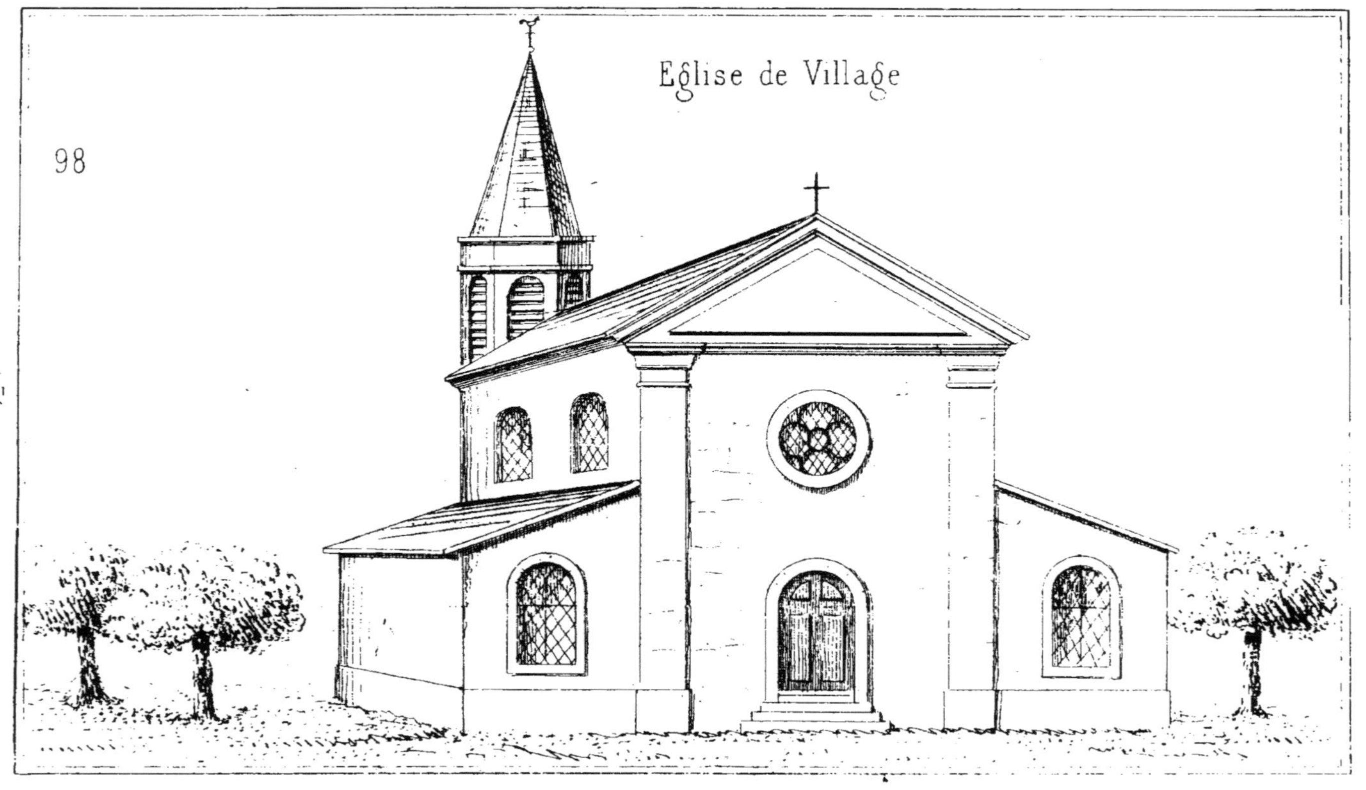

98

Eglise de Village

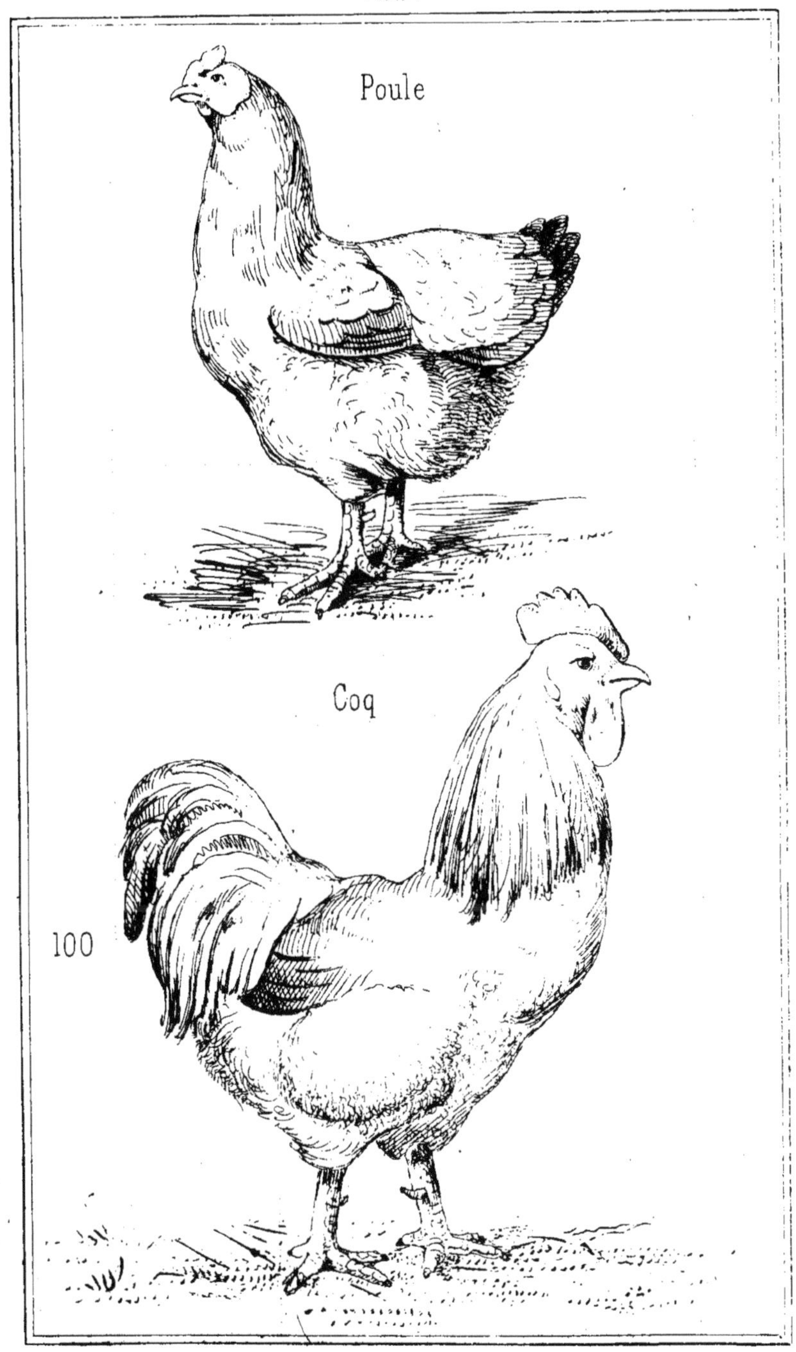
Poule
Coq
100

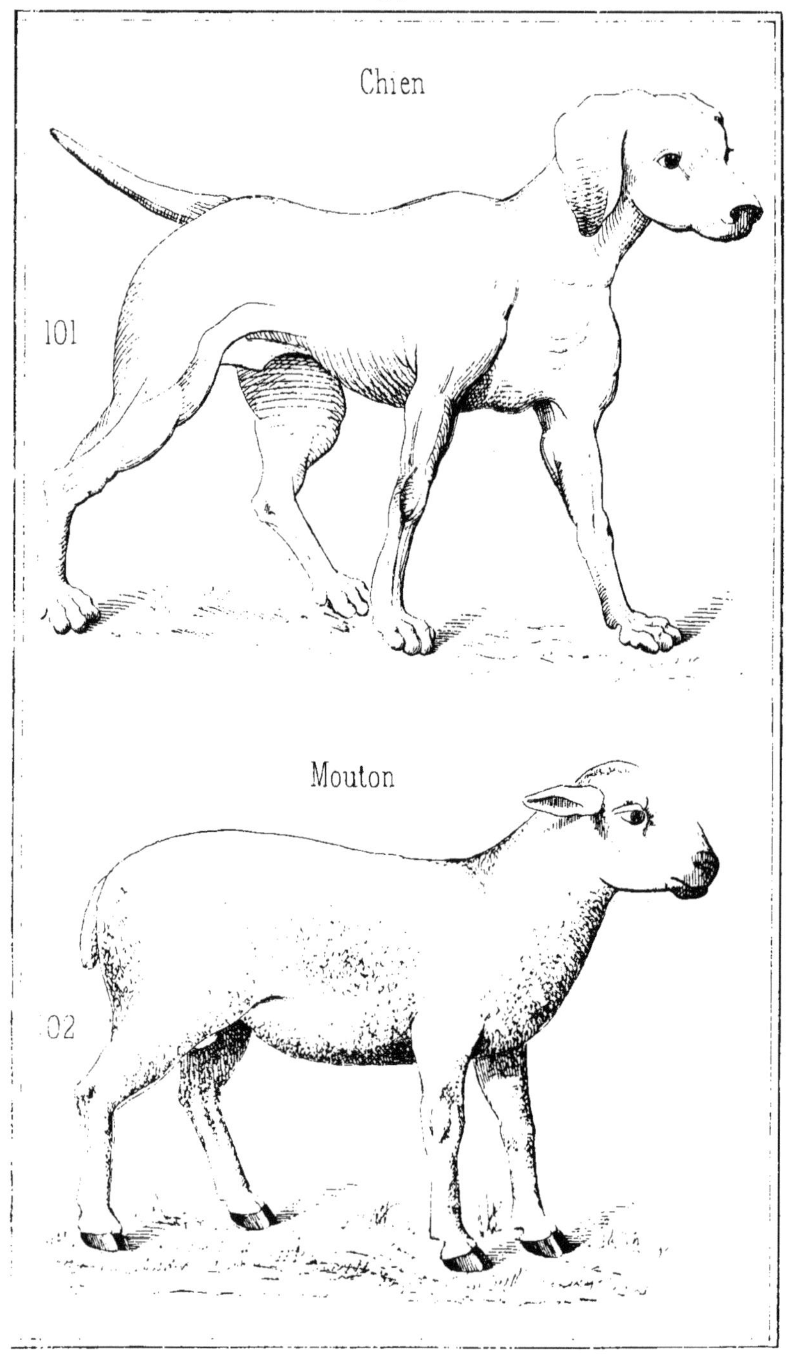
Chien
101
Mouton
02

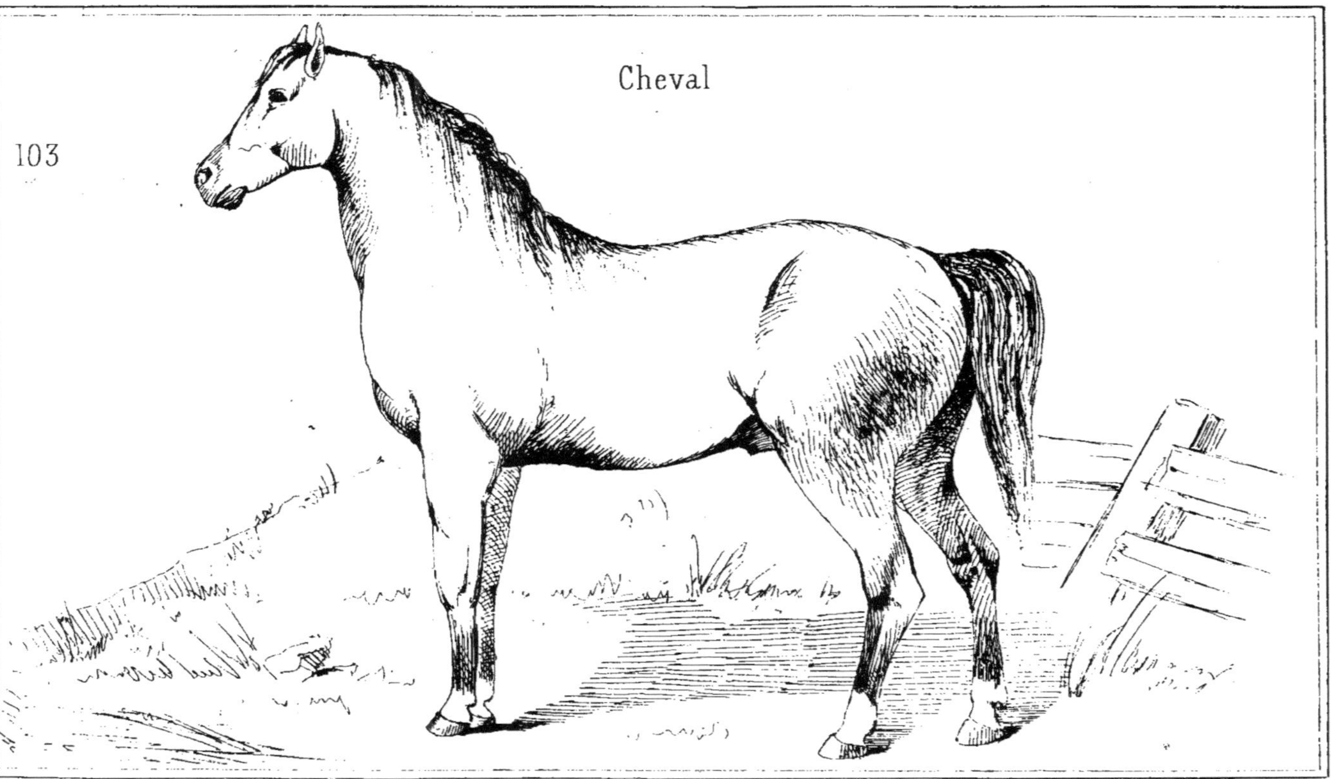
103
Cheval

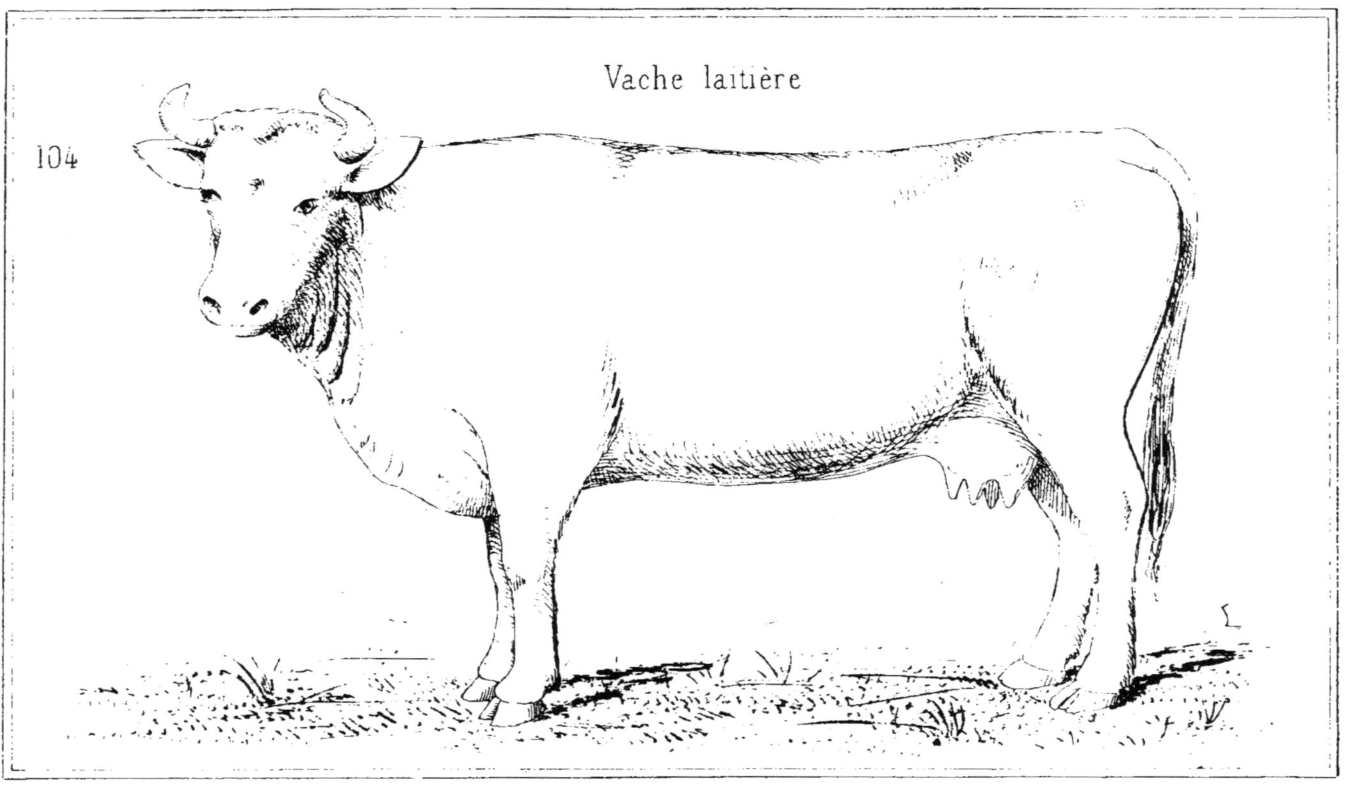

104

Vache laitière

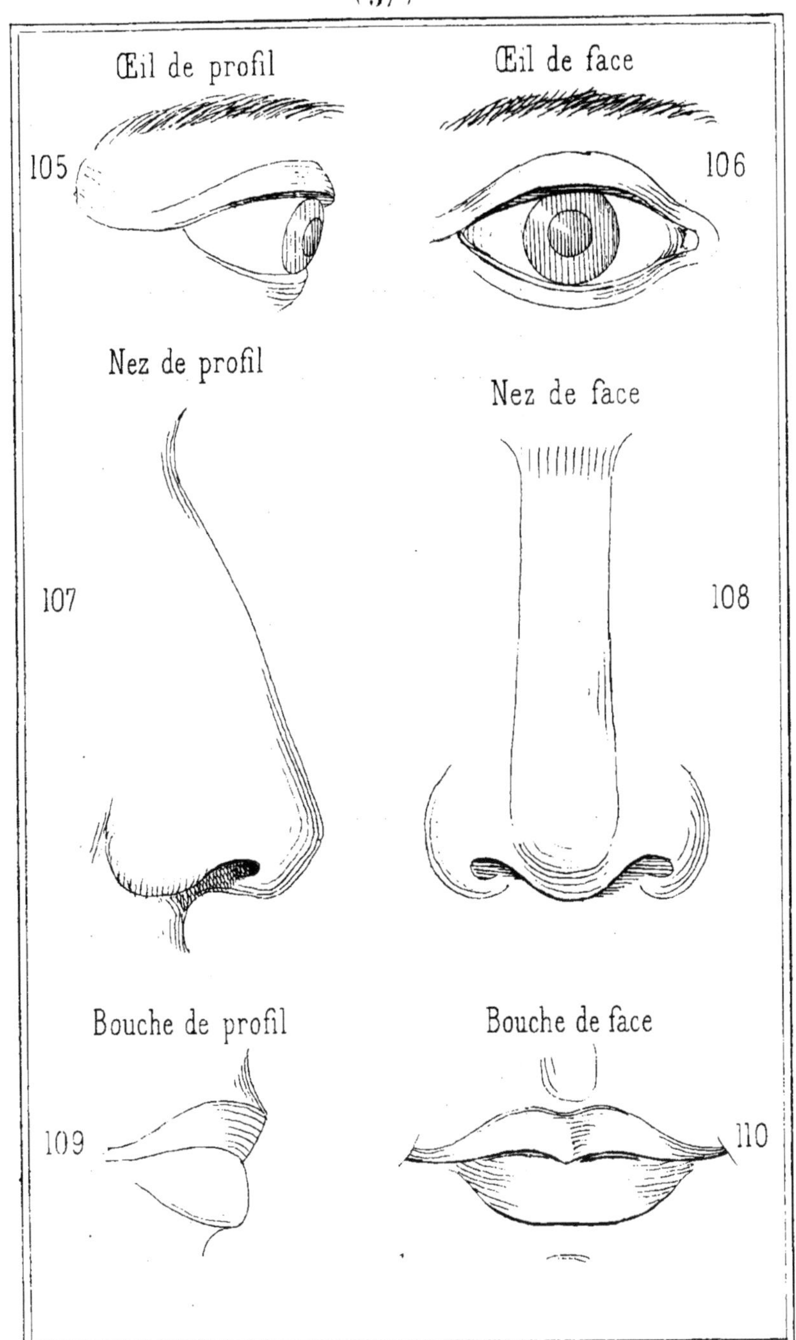
Œil de profil
105
Œil de face
106
Nez de profil
107
Nez de face
108
Bouche de profil
109
Bouche de face
110

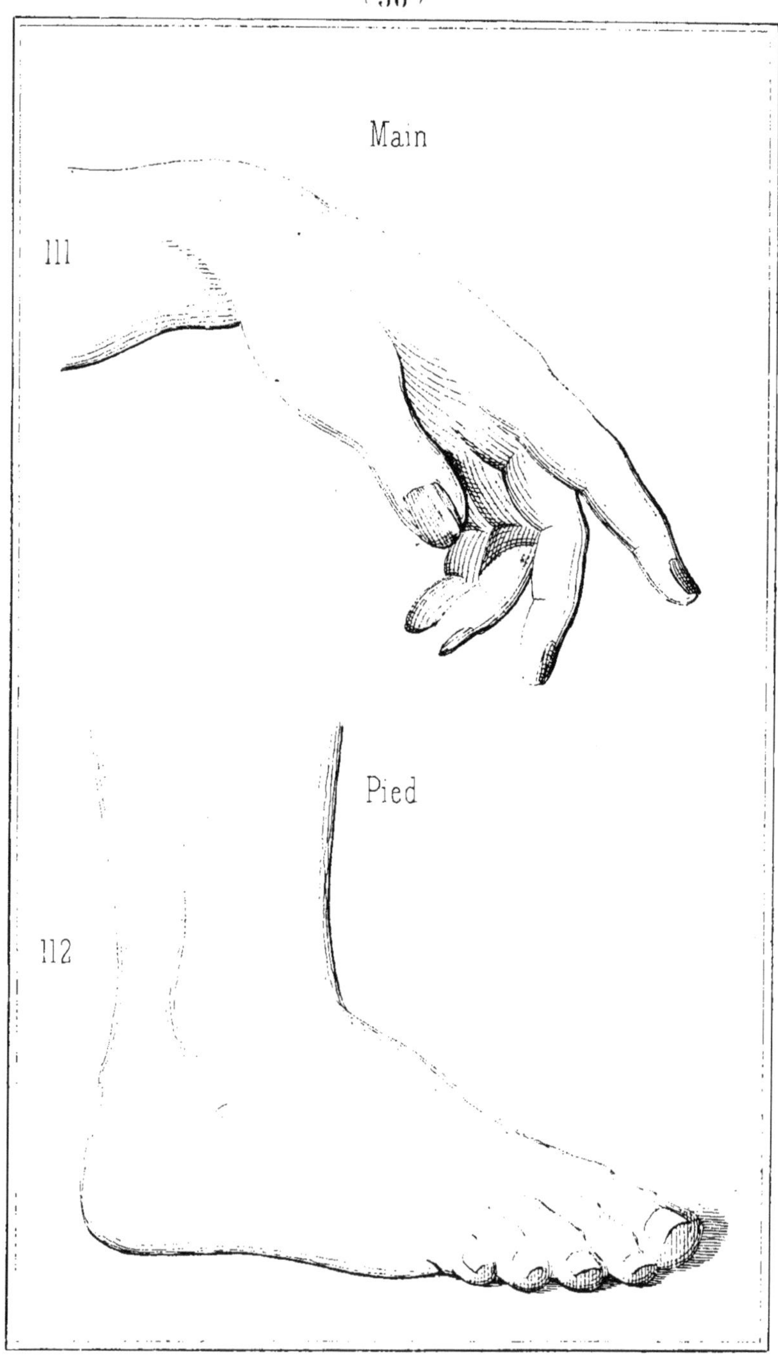
Main
111
Pied
112

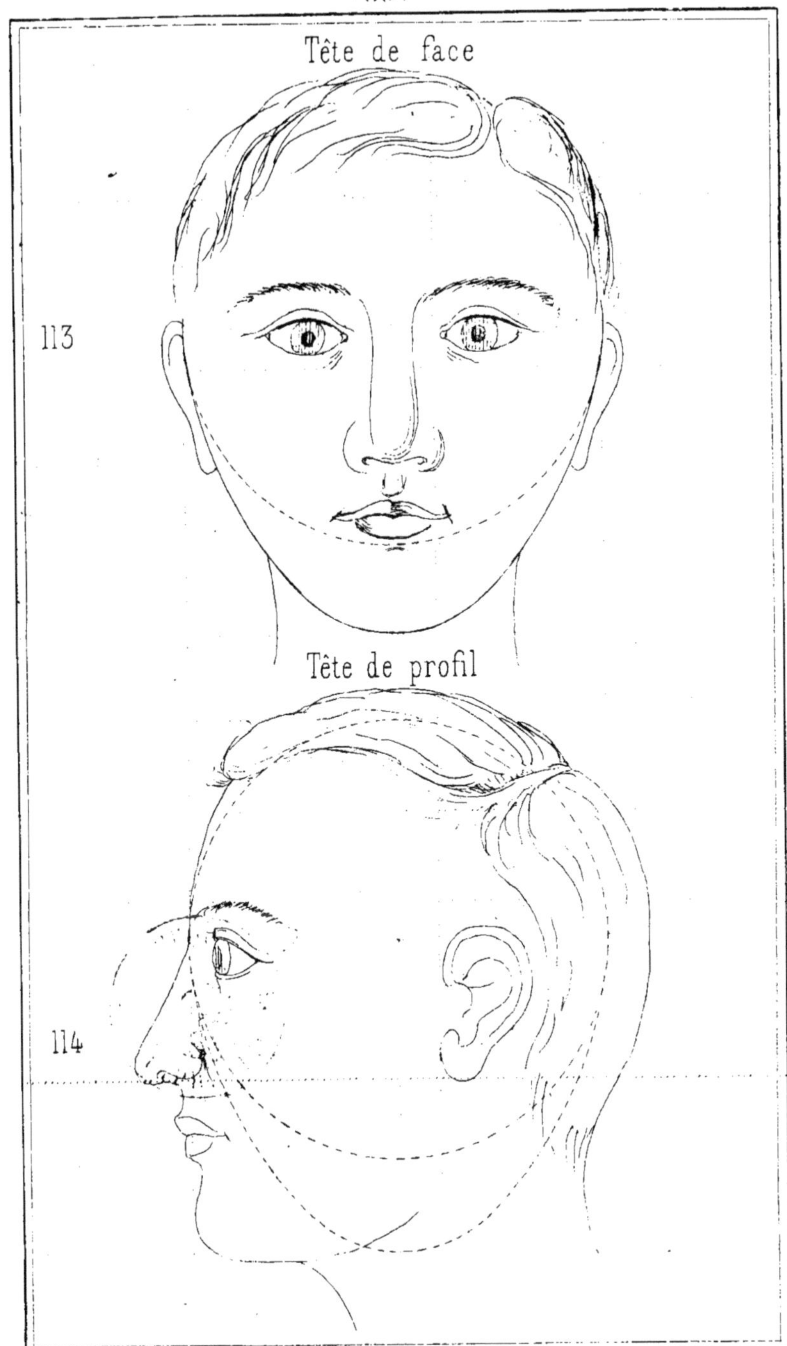
Tête de face
113
Tête de profil
114

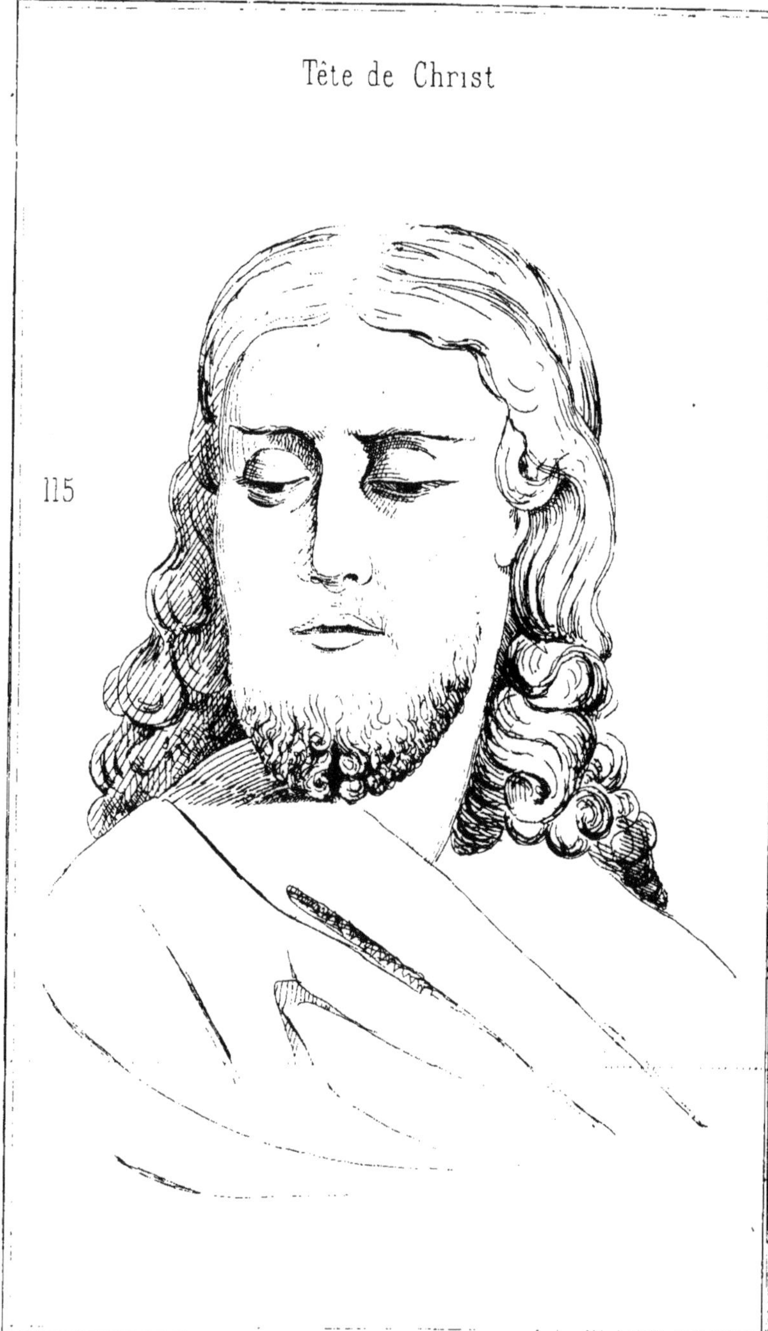

Tête de Christ

115

Ouvrages du même auteur :

Premiers Principes de Dessin linéaire, théorie et modèles d'application, à l'usage des écoles primaires, des pensionnats, des colléges et des lycées, par *M. A. Le Béalle :* dixième édition ; 1 vol. grand in-8°, divisé en deux parties, contenant 48 planches de modèles, *br.* 3 f.

Chaque Partie se vend séparément, *br.* 1 f. 50 c.

Cours théorique et pratique de Dessin linéaire, théorie et modèles d'application, à l'usage des écoles primaires supérieures, des colléges et des lycées, par *M. A. Le Béalle;* ouvrage autorisé pour les écoles publiques : nouvelle édition ; deux cours in-4°, subdivisés chacun en cinq parties.

Cours élémentaire, comprenant l'étude des tracés géométriques, des lignes droites, des lignes courbes, des surfaces, des solides, etc. ; cinq parties in-4°, contenant 78 planches de modèles.

Chaque Partie se vend séparément, *br.* 2 f.

Cours supérieur, comprenant la topographie, le lever des plans, le métré, le nivellement, l'architecture, la perspective, l'ornement, la figure, la mécanique, les machines, les cartes géographiques, etc. ; cinq parties in-4°, contenant 72 planches de modèles.

Chaque Partie se vend séparément, *br.* 2 f.

Grandes Études de Dessin linéaire, de Lavis et d'Aquarelle, appliquées à la mécanique, à l'architecture, à l'ornement et à la perspective, à l'usage des lycées, des colléges, des pensionnats et des écoles professionnelles, par *M. A. Le Béalle;* douze Études format demi grand-aigle, cadre de 0,62 sur 0,44 centimètres, composées chacune de deux planches gravées : l'une sur cuivre avec légendes, cotes et lignes de construction; l'autre sur acier, ombrée à l'aquatinte et lavée à l'aquarelle; la collection de vingt-quatre planches, 35 f.

Chaque Étude, composée de deux planches, se vend séparément, 3 f.

www.ingramcontent.com/pod-product-compliance
Ingram Content Group UK Ltd.
Pitfield, Milton Keynes, MK11 3LW, UK
UKHW022129260726
13993UKWH00003B/1327